AF535959

NIKLAUS KUSTER

Franz von Assisi –
Freiheit und Geschwisterlichkeit in der Kirche

Franziskanische Akzente
Für ein gottverbundenes und engagiertes Leben
Herausgegeben von Mirjam Schambeck sf und
Helmut Schlegel ofm
Band 6

Die Suche der Menschen nach Sinn und Glück ernst nehmen und Impulse geben für ein geistliches, schöpfungsfreundliches und sozial engagiertes Leben – das ist das Anliegen der Reihe *„Franziskanische Akzente"*.

In ihr zeigen Autorinnen und Autoren, wie Leben heute gelingen kann. Auf der Basis des Evangeliums und mit Blick auf die Fragen der Gegenwart legen sie Wert auf die typisch franziskanischen Akzente:

Achtung der Menschenwürde,
Bewahrung der Schöpfung,
Reform der Kirche und
gerechte Strukturen in der Gesellschaft.

In lebensnaher und zeitgerechter Sprache geben sie auf Fragen von heute ehrliche Antworten und sprechen darin Gläubige wie Andersdenkende, Skeptiker wie Fragende an.

NIKLAUS KUSTER

Franz von Assisi

Freiheit und Geschwisterlichkeit in der Kirche

echter

Herzlicher Dank geht an Clemens Wagner für die sorgfältige und kundige Zuarbeit bei den Korrekturen sowie an die Ordensgemeinschaft der Armen Franziskanerinnen von der Heiligen Familie zu Mallersdorf für die finanzielle Unterstützung.

Bibliografische Information der Deutschen Nationalbibliothek

Die Deutsche Nationalbibliothek verzeichnet diese Publikation in der Deutschen Nationalbibliografie; detaillierte bibliografische Daten sind im Internet über ‹http://dnb.d-nb.de› abrufbar.

3., aktualisierte und erweiterte Auflage 2023

www.echter-verlag.de

Umschlag: wunderlichundweigand.de
(Foto: © giorgiogalano / Fotolia.com)
Satz: Crossmediabureau – http://xmediabureau.de
Druck und Bindung: Friedrich Pustet, Regensburg

ISBN
978-3-429-05391-8 (Print)
978-3-429-05037-5 (PDF)
978-3-429-06447-1 (ePub)

Inhalt

Einleitung

Im Jahr 2023 jährt sich die Anerkennung der franziskanischen Lebensform zum 800. Mal. Sie bringt eine neue Dynamik in die abendländische Kirche ein: Geschwisterlichkeit ohne Grenzen und Hierarchien, demokratische Entscheidungen im Vertrauen auf die göttliche Geistkraft, innige Verbundenheit mit der Schöpfung, besondere Nähe zu Menschen am Rand und Offenheit für die Weisheit in anderen Religionen. An Pfingsten 1223 hatten sich ein paar Tausend Brüder in Assisi versammelt, um die gereifte Fassung ihrer Regel zu verabschieden. Ende November unterzeichnete Papst Honorius III. die feierliche Urkunde, die die Brüder zu einem Orden der Kirche machte. 1208 gegründet, war die Bewegung inzwischen vom Atlantik bis nach Syrien verbreitet, hatte Equipen nach Afrika gesandt und machte sich daran, auch auf den britischen Inseln Fuß zu fassen. Zur gleichen Zeit vernetzten sich in Mittelitalien Schwestern mit Klaras Gemeinschaft. Während die Brüder wie Apostel durch die Welt zogen, um „Frieden in Häuser und Städte zu tragen", folgten die Schwestern einem anderen Vorbild des Evangeliums: Sie lebten in San Damiano wie Marta und Maria von Betanien in einem offenen Haus, entfalteten eine sesshafte Form der Christusnachfolge und verbanden dabei die Liebe zur Stille mit dem Engagement für Menschen. Ebenfalls in jenen Jahren entstanden erste Kreise von Familienleuten, die das neue Charisma in ihren Häusern und Berufen lebten. Auch sie setzten das Evangelium beherzt um und lehnten, der Bergpredigt getreu, Waffen und alle Formen von Gewalt ab. Der erste Franziskanerpapst wird sie als „Welt-Orden" gegen Repressionen kriegsfreudiger Stadtregierungen schützen.[1]

804 Jahre, nachdem Franz mit seinen ersten Brüdern vor Innozenz III. stand, erwählt sich der erste Petrusnachfolger der Geschichte den Poverello zu seiner Leitgestalt. Seit zehn Jahren leitet Franziskus als Bischof von Rom die weltgrößte Kirche. Mehr noch: In Assisi treffen sich alle großen Kirchen und Weltreligionen, wenn sie sich gemeinsam für eine gerechtere und friedlichere Welt einsetzten.[2]

Wie kommt es, dass ein Kleinbürger aus dem Städtchen Assisi zur Hoffnungsgestalt aller Welt wird? Wie kommt es, dass ein mittelalterlicher Mensch der katholischen Kirche und der Ökumene in der Postmoderne zu einem neuen Frühling verhilft? Und welche Impulse können moderne Menschen aus der Art, wie Franz von Assisi Kirche erfahren und neu belebt hat, für ihre eigene Lebenspraxis gewinnen? Oder anders gefragt: Wozu ermutigt der Poverello heute nicht nur den Papst in Rom, sondern einfache Menschen in den unterschiedlichsten Lebensformen, Milieus und Berufen?

Dieser Band spürt der *Faszination Franziskus* mit Blick auf eine lebendige Kirche nach. Er tut es in drei Schritten:

Biografische *Einblicke* zeigen auf, wie der Luxuskaufmann Giovanni „Francesco" di Pietro di Bernardone nach einer unreligiösen Jugend erst spät auf eine existenzielle Gottsuche geht und dabei in einer Stadt voller Kirchen und Klöster auf sich allein gestellt bleibt. Die entscheidenden Orte seines spirituellen Findens liegen außerhalb der Stadt und inspirieren Franziskus zu einer neuartigen Welt-, Menschen- und Gottesliebe. Die entstehende Bewegung atmet die Luft der beginnenden Moderne. Freiheit, Gleichheit und Geschwisterlichkeit, frühbürgerliche Werte, die in Italiens Kommunen damals entdeckt und Jahrhunderte später in der Französischen Revolution politisches Programm werden, deutet Franziskus radikal aus dem Evangelium – mit Blick auf die Gesellschaft und die Kirche.

Geschichtliche *Durchblicke* zeigen dann auf, was die frühe franziskanische Bewegung aus Brüdern, Schwestern und Familien kirchlich kennzeichnet: Vertrauen in die persönliche Inspiration jedes Menschen, Freiheit in den „Fußspuren Jesu", geschwisterliche Offenheit für Menschen aller Schichten und Klassen, Mut zu einer selbstbewussten Kirche von unten, Distanz zu jeder Art klerikaler Überheblichkeit, Entfaltungsfreiheit für Frauen in der Nachfolge Jesu, eine neue Sicht von Christsein ohne Grenzen, Staunen über die Kunst der Gottesliebe in anderen Religionen und sorgsame Freude an der Schönheit von Gottes Schöpfung.

Aktuelle *Ausblicke* setzen an den drei Schwerpunkten an, die Papst Franziskus bei seiner Namenswahl an seinem Vorbild aus Assisi hervorhebt: Eine neue Liebe zur Armut, entschiedener Einsatz für den Frieden und ökologische Sorge zur Welt sollen die Kirche an Haupt und Gliedern herausfordern, leiten und erneuern. Zugleich lässt das franziskanische Vorbild auch verstehen, warum „Franziskus von Rom" nicht mit starker Hand Reformen von oben diktiert: Der Leitung in einer geschwisterlichen Kirche stehen nur basisgestützte, kollegiale und synodale Wege offen. Jorge Mario Bergoglio ermutigt mit seiner Leitgestalt Francesco alle Menschen auf Erden, in der eigenen Lebenswelt geschwisterlich sowie mystisch und politisch die Liebe zu sich selbst, zur geschaffenen Welt und zu Gott miteinander zu verbinden.

1. Einblicke: Franziskus von Assisi – Späte Gottsuche in der frühen Moderne

Franz von Assisi überrascht in seinem Lebensrückblick mit der Aussage, er hätte lange Jahre faktisch ohne Gott gelebt.[3] Erst als seine ehrgeizigen Karrierepläne scheitern und die Erfahrung von Gewalt, Gefangenschaft und Krankheit den jungen Luxuskaufmann in eine existenzielle Krise stürzt, sucht er festen Halt und tieferen Sinn in seinem Leben. Dabei bewahrt er in einer schrittweisen Neuorientierung tragende Werte und bleibende Schätze, die ihm seine bürgerliche Lebenswelt erschlossen hat: weite Horizonte, Mobilität ohne Grenzen, demokratische Freiheit und den selbstbewussten Geist von Laien, die das Evangelium neu entdecken.

„Tag und Nacht ins Leben verliebt" – Privilegierte Kindheit und Jugend

Weit glaubwürdiger als der offizielle Biograf Thomas von Celano, der als Grafensohn aus den Abruzzen erst 1215 in die franziskanische Bruderschaft eintrat und bald danach nach Deutschland zog, schildern die drei vertrauten Gefährten Rufino, Leo und Angelo die jungen Jahre des Textilkaufmanns. Seine Eltern, der Bürger Pietro di Bernardone und seine adelige Frau Giovanna „Pica", fördern ihren Ältesten seit seiner Geburt im Jahr 1181/1182 zielstrebig. Der Knabe erhält in der städtischen Schule San Giorgio eine Schulbildung, die ihn für internationale Handelsgeschäfte rüstet. Mit vierzehn in die Zunft des Vaters aufgenommen, erlebt der junge Mann die bürgerliche Revolution Assisis mit, die 1198 den kaiserlichen Grafen Konrad von Urslingen vertreibt, die alte Feudalmacht des Adels bricht und eine demokratische Kommunalordnung errichtet. Als angehender Tuchimporteur begleitet Franziskus seinen Vater auf erste Handelsreisen nach Frankreich, wo er nicht nur die wichtigsten Textilmärkte kennenlernt, sondern auch mit der Lyrik und Liebeskunst der Troubadours in Berührung kommt. Der junge Mann lernt städtische Versammlungen und Wahlen kennen, reitet mit Luxusstoffen auf die Märkte im Spoletotal, bedient betuchte Kundinnen im eigenen Modegeschäft – und genießt das Leben in vollen Zügen. Die drei Gefährten erinnern sich:

„Als er herangewachsen und sein reger Geist erwacht war, übte Franziskus das Gewerbe des Vaters, das heißt das Kaufmannsgeschäft, aus, jedoch ganz anders, denn er war viel freigebiger und heiterer. Er tat sich mit Gleichgesinnten zusammen und durchzog, dem Spiel und Sang ergeben, Tag und Nacht die Stadt Assisi. Beim Ausgeben von Geld war er so überaus verschwenderisch, dass er alles, was er haben und verdienen konnte, für Gastmähler und andere Dinge verwendete … Weil seine Eltern jedoch reich waren und ihn aufs Zärtlichste liebten, ließen sie ihn in seinem Treiben gewähren … Doch war er nicht nur in solchen Dingen freigebig, ja, sogar ein Verschwender, nein, er überschritt auch bezüglich der Kleidung vielfach das Maß, indem er teurere Gewänder herstellen ließ, als sich für ihn zu haben geziemte. Ja, in seiner Sucht aufzufallen, war er so eitel, dass er einmal am gleichen Kleid einen überaus teuren Stoff mit einem ganz wertlosen zusammennähen ließ“ (Gef 2, FQ 612f).

Der geschickte Kaufmann und beliebte Anführer von Festen lebt im hohen Mittelalter auf der Sonnenseite des Lebens. *Business and fun* bestimmen sein städtisches Leben. Er gehört zur führenden Zunft in einer Stadt von höchstens 3000 bis 4000 Einwohnerinnen und Einwohnern.[4] Die Kleinstadt Assisi befreit sich von der alten Feudalordnung, gestaltet ihr politisches Leben als Stadtkommune demokratisch und folgt der neuen Idee, dass alle Bürger gleichberechtigt sind. Faktisch bestimmen in der Stadtgemeinde jedoch zunehmend Besitz, Geld und Beziehungen anstelle der Herkunft über die Stellung eines Menschen. Franziskus ist in der neuen bürgerlichen Welt bestens aufgestellt. Die Kaufleute werden in der aufkommenden Geldwirtschaft auch die ersten Banker, entwickeln den Wechsel für bargeldlose Geschäfte in anderen Städten und reisen selbstbewusst durch halb Europa. Allerdings hat diese Aufbruchszeit auch ihre Schattenseiten: Der Bauernstand außerhalb der Stadtmauern bleibt unterdrückt. In der Stadt selbst wehrt sich der Adel gegen seine Gleichstellung, provoziert einen Bürgerkrieg und wird aus der Stadt verbannt. Wohntürme und Paläste der Aristokratie gehen in Flammen auf und die Vertriebenen agieren von der Nachbarstadt Perugia aus gegen Assisi. Jahrelange Konflikte sind die Folge, die sich erst 1210 in einer neuen Friedensordnung lösen. Zu diesem Zeitpunkt wird Franziskus schon längst ein Aussteiger sein und draußen vor der Stadt unter den Ärmsten leben. Doch bis dahin vergehen noch bewegte Jahre.

Geschichte im Dialog mit heute

Wir alle sind geprägt von der Familie, aus der wir stammen, und vom Milieu, in dem wir aufgewachsen sind. Welche Farben zeigt mir meine eigene Kindheit und Jugend im Rückblick? Was verdanke ich meinen Eltern und Geschwistern, der schulischen und beruflichen Ausbildung, Freunden und Gefährtinnen früher Jahre?

Wie auch immer die ersten zwei Jahrzehnte meines Lebens waren, ob lichtvoll und privilegiert oder schattenreich und belastet: Innerer Reichtum und menschliche Reifung werden nicht von den Umständen bestimmt, sondern entfalten sich in individueller Freiheit. Was hat mich reifen lassen: geistig und kulturell, politisch und gesellschaftlich?

Mit wem und wodurch bin ich erwachsen geworden? Wofür habe ich meine Ideen und meine Mittel mit zwanzig eingesetzt? Wie sahen meine Träume damals aus, und was ist aus ihnen geworden? Und was denkt das Kind, das ich war (und das in mir lebt), über die Frau oder den Mann, der ich heute bin?

Franziskus wird seine Liebe zu Welt und Leben durch Erschütterungen und Krisen nicht verlieren, sondern wandeln und in neuer Form entfalten. Wie hat sich meine Lebensfreude entwickelt und verändert? Was nährt meine Liebe zur Welt und wo erfahre ich diese heute am schönsten?

„Als ob es Gott nicht gäbe" – Ein Leben ohne Religion?

So lebensfroh die jungen Jahre des Kaufmannssohnes erscheinen, so sehr der politische Aufbruch in der Stadt sein bürgerliches Denken beflügelt und so ehrgeizig seine gesellschaftlichen Träume sind, Religion scheint lange Jahre keine wirkliche Bedeutung für ihn zu haben. In seinem Lebensrückblick widmet der sterbenskranke Wanderbruder der ersten Hälfte seiner Biografie nur gerade einen halben Satz: „So lebend und handelnd, als hätte es Christus nie gegeben", übersetzt ihn der italienische Mittelalterforscher Raoul Manselli in seiner lesenswerten Standardbiografie San Francesco d'Assisi.[5] Gewiss besucht die Familie an Sonn- und Festtagen in der alten Bischofskirche, in der neu entstehenden Kathedrale San Rufino, in der Pfarrkirche Santo Stefano oder in einem der städtischen Benediktinerpriorate den Gottesdienst. Vor wichtigen politischen Akten finden in oder vor der Marktkirche San Niccoló de plathea – das heißt „an der Piazza" – liturgische Zeremonien statt. Feste werden vom Bischof und von der Stadt feierlich gestaltet. Prozessionen, kirchliche Schauspiele und Straßenprediger prägen das öffentliche Leben mit. In der Kanonikerschule San Giorgio lernt der junge Kaufmannssohn mit den Psalmen die Welt- und Schriftsprache Latein, Lesen und Schreiben. Und doch erscheint ihm sein Leben bis ins geschäftige Erwachsenenalter hinein religiös unberührt. Der Glaube an Gott hat keinen Einfluss auf sein Leben und Denken, seinen Beruf und seine Freizeit, seine Träume und Ziele.

Franziskus wächst in einer Epoche auf, die als „Morgen der Moderne" gilt und in der sich die neue bürgerliche Lebenskultur ausbildet. Die Kirche ist um 1200 noch weitgehend dem ländlich-feudalen Hochmittelalter verhaftet. Ritter, Mönche und Bauern bilden darin die drei Stände der Gesellschaft – je innerhalb ihres Standes im Zusammenspiel mit edlen Damen, Nonnen und Bäuerinnen. Über der streng hierarchischen Pyramide von Gesellschaft und Kirche, in der Kaiser und Papst gemeinsam und oft spannungsvoll die glanzvolle Spitze bilden, thront Gott als ferner Weltenherrscher: unvorstellbar erhabener noch als die höchsten gekrönten Häupter der christlichen Welt, die ein Kleinbürger in Assisi kaum je zu Gesicht bekam. Tatsächlich stellt auch das damals gestaltete Portaltympanon des neuen Domes in der Oberstadt Christus als Pantokrator dar, auf einem Thron sitzend, vom Mond und von einem Stern flankiert als wahre Sonne der Welt. Was kümmert diesen fernen Gott das Leben eines kleinen Bürgers? Franziskus dürfte von seiner Mutter durchaus religiös erzogen worden sein. Offenkundig hat er aber seinen Kinderglauben im Erwachsenwerden zurückgelassen. Und er erfährt im revolutionären Aufbruch seiner Stadt und in seinem privilegierten Kaufmannsleben, dass sein Dasein scheinbar auch ohne religiöse Tiefe in allen Farben gelingt. „Ich lebte, als ob es Gott nicht gäbe" – und kam lange Zeit ganz gut damit aus.

Geschichte im Dialog mit heute

Immer mehr Menschen legen ihren Kindheitsglauben ab und bezeichnen sich, erwachsen geworden, als „nicht praktizierende" Christinnen oder Christen. Viele Eltern taufen ihre Kinder nicht mehr, um ihnen die Entscheidung für oder gegen Religion einmal selbst zu überlassen. In Deutschland deklarieren sich im Jahr

2018 ca. 40 Prozent der Bevölkerung als konfessionslos und von den Menschen unter 30 ein knappes Viertel als religiös im weitesten Sinn. In den Niederlanden lebt bereits die Mehrheit ohne Religion, während Österreich noch zu 57 Prozent katholisch ist. In der Schweiz ist die katholische Landeskirche auf ein Drittel und die evangelische auf ein Viertel der Bevölkerung gesunken, wobei keine 10 Prozent der Schweizerinnen und Schweizer häufiger als „ein- bis zweimal pro Monat" in die Kirche gehen.

Wie hat sich mein eigener Glaube entwickelt: in der Kindheit und durch die Pubertät hindurch? Was ist zurückgeblieben und was hat meine Religiosität erwachsen gemacht?

Franziskus' junges Leben ermutigt moderne Menschen, die selbst lange Zeit ohne Religion auskommen, denn der Gott, den er im Gefolge einer Krise finden wird, zeigt sich geduldig und kann warten, bis Menschen ihn suchen.

Giovanna Pica scheint ihrem Sohn religiöse Werte zu vermitteln, doch kommt dieser dadurch noch zu keiner persönlichen Gottesbeziehung. Wie gehe ich, von der Kraft des Glaubens überzeugt, mit Kindern oder Enkeln, Partner oder Freundinnen um, die sich weder für Gott noch für Kirche und Religion interessieren? Wie gelingt es, den Glauben so zu leben, dass Angehörige oder Freunde später einmal von meinem Beispiel ermutigt nach tieferen Quellen suchen?

„Niemand begleitete mein Suchen" – Kirche präsent und nicht gefragt

So fern der romanische Weltengott und Endzeitrichter bürgerlichen Menschen um 1200 auch erscheint und so unreligiös Franziskus später sein junges Leben empfindet,

KARTE:
Religiöse Orte und Zentren in Assisi zur Zeit des jungen Franziskus

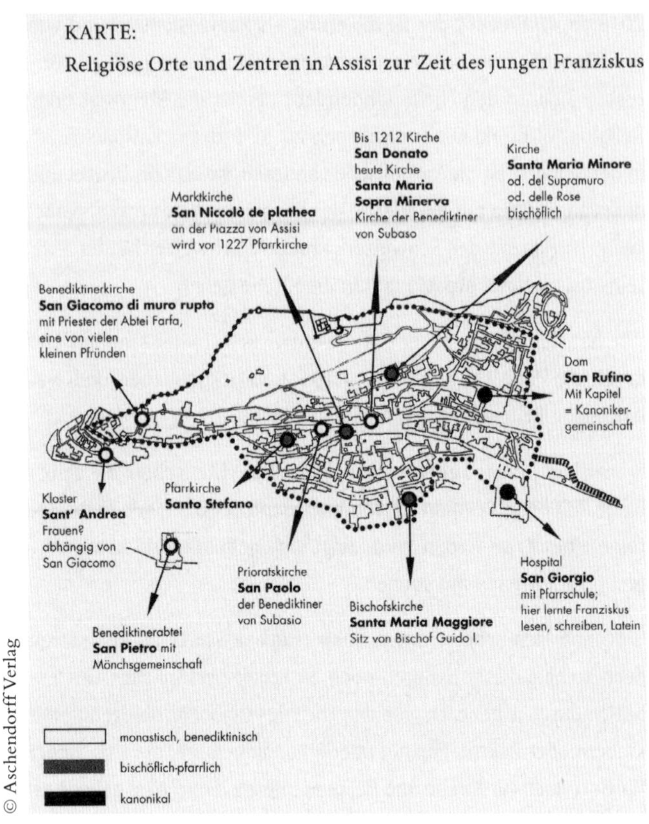

die Kirche zeigt im kleinen Stadtstaat Assisi eine erstaunlich dichte Präsenz. Rund ein Dutzend kirchliche Zentren lassen sich für die Jugendzeit des Poverello innerhalb der Stadtmauern nachweisen. Die meisten werden von religiösen Gemeinschaften betreut. In der Unterstadt, dem Lebensraum der reichen Bürger und des Arbeiterstandes, sind dies die Bischofskirche Santa Maria Maggiore mit der Residenz des Ortsbischofs Guido I., die Marktkirche San Niccolò am neuen Hauptplatz der Stadtgemeinde, das Benediktinerpriorat San Paolo gleich hinter dieser und die Pfarrkirche Santo Stefano sowie vor dem südlichen Tor das Hospital San Giorgio mit der Schule der Kanoniker von San Rufino. Deren Gemeinschaft lebt beim entstehenden Dom in der aristokratischen Oberstadt, die mit den Benediktinerprioraten San Donato im Minervatempel und San Giacomo di Muro Rupto über zwei weitere Zentren verfügt. Im adeligen Stadtteil kommen Santa Maria delle Rose und Sant'Andrea dazu. Unmittelbar vor Assisis Mauern liegen damals die nahe Cluniazenserabtei San Pietro und das Benediktinerkloster San Vittorino sul Tescio unten an der Flussbrücke sowie das Antoniterhospital am Weg zum Subasio.

Im näheren Umfeld der Stadt trifft der junge Franziskus auf dem Weg zu umliegenden Märkten auf das Benediktinerpriorat San Masseo, das Hospital San Salvatore der Kreuzträger, das Leprosenheim San Lazzaro mit Hospitalgemeinschaft draußen in der Ebene, die reiche Nonnenabtei von San Paolo delle Abbadesse im Westen, die ländlichen Benediktinerklöster von San Niccolò di Campolongo, San Benedetto di Satriano, Sant'Angelo di Limigiano und Santa Maria in Valfabbrica im Norden, die Mönchsabteien San Crispolto und San Quirico bei Bettona sowie das Männerkloster Sant'Apollinare del Sambro im Süden, während San Benedetto al Subasio und die bedeutende Kamaldulensergemeinschaft San Silvestro an der Ostflanke des Berges weit abseits der Durchgangsstraßen liegen. Nicht gezählt sind hier neue religiöse Frauengemeinschaften wie die von Sant'Angelo di Panzo, von denen damals im kleinen städtischen Bistum Assisi mehrere noch ohne klösterliche Strukturen entstehen.[6]

Mit Blick auf dieses dichte Netz kirchlicher Zentren in der Stadt und ihrem Umfeld überrascht die Aussage des Franziskus, in den Jahren seiner Suche hätte ihm „niemand gezeigt, was er tun soll“: der Höchste selbst hätte ihm seinen Weg schrittweise offenbart (vgl. Test 1–14, FQ 59f). Auslöser ist ein unerwarteter Bruch in der Biografie des ehrgeizigen Kaufmanns. Als der Konflikt zwischen Adeligen und Bürgern Assisis im Herbst 1202 im Städtekrieg gegen die rivalisierende Stadt Perugia eskaliert, zieht Franziskus hoch zu Pferd mit in den Kampf. Sein Vater dürfte für die Ausrüstung seines Sohnes einen Bauernhof geopfert haben. Die Schlacht zwischen dem Dorf Collestrada und Ponte San Giovanni am Tiber wird zum Debakel. Freunde bleiben tot am Ort des Gemetzels liegen, während Franziskus mit anderen für ein Jahr in die Gefangenschaft Perugias gerät. Von dort kehrt er mit schwer erschütterter Gesundheit in ein gedemütigtes Assisi zurück: Die Bürgerschaft muss zuvor einen Frieden unterzeichnen, der dem Adel alte Rechte zurückgibt und den Wiederaufbau seiner Paläste verfügt. Der Vertrag vom Herbst 1203 wird jahrelange innere Konflikte provozieren.[7]

Zurück in seinem Elternhaus, leidet Franziskus monatelang an einer schweren Krankheit und stürzt sich kurz darauf in ein neues Kriegsunternehmen. Diesmal sucht er seinen Traum vom Ritterwerden im Dienst des französischen Feldherrn Walter III. de Brienne-le-Château zu erfüllen, der in Süditalien im päpstlichen Auftrag kämpft. Bereits nach einem Tagesritt kehrt Franziskus aber ohne Pferd, Rüstung und Waffen in seine Heimatstadt zurück. Eine unruhige Nacht in Spoleto hat ihm deutlich gemacht, dass er zerbrochenen Idealen folgt und vor sich selbst davonläuft. In Assisi engagiert sich der Kaufmann wieder im

Handelshaus und ist als Festkönig begehrt. Der Stadtstaat, sein buntes Leben und seine Umgebung hätten jedoch ihren Reiz gänzlich verloren, wird der Biograf später darlegen (vgl. 1 C 3–6, FQ 201–203): Thomas von Celano schildert Zeichen einer tiefen Sinnkrise. Franziskus stellt sich nach dem abgebrochenen Apulienzug seiner inneren Unruhe, ohne jedoch in einem der kirchlichen Kompetenzzentren für Sinnsuchende anzuklopfen. Dies lässt sich insofern verstehen, als die meisten Gemeinschaften monastische Klöster sind, in denen adelige Mönche das Gotteslob singen, während Knechte und Leibeigene die Handarbeiten und Landwirtschaft besorgen. Auch die gebildeten Kanoniker in der Stadt und der Bischof gehören der aristokratischen Oberschicht an. Als Sohn der aufsteigenden Bürgerschicht steht Franziskus einer seinem Milieu fremden und statischen Kirche gegenüber, die den Sprung in die neue urbane, demokratische und mobile Kultur noch nicht schafft.

Geschichte im Dialog mit heute

Dass Kirche zum Stadt- und Dorfbild gehört und dass sie als Institution zwar präsent, doch bei vielen Menschen nicht mehr gefragt ist, haben die religionssoziologischen Sinus-Milieu-Studien der letzten Jahre auch hierzulande deutlich aufgezeigt. Von den zehn aktuell beschreibbaren Milieus unserer Gesellschaft sind die großen Kirchen gerade noch mit zwei bis drei verbunden. Kirchliche Angebote werden von den anderen Milieus nur noch sehr selektiv wahrgenommen.

Wie sieht meine persönliche Geschichte mit der Kirche aus? Zeigt sie Zeiten größerer Nähe und auch Phasen der Distanz?

Kennen Sie vertraute Orte, die Ihnen Heimat und Halt bieten? Kennen Sie kirchliche Kraftorte, Zentren der Einkehr und Seelsorgende, denen Sie sich anvertrauen können? Oder suchen Sie in spirituellen Fragen wie der junge Franziskus zunächst auf sich gestellt – und anderswo?

Wenn Sie selbst in der Kirche arbeiten oder engagiert sind: Welche Milieus der Gesellschaft sind ihnen vertraut, welche fremd? Wie gehen Sie damit um, dass die Institution Kirche in vielen Kreisen nicht mehr gefragt ist? Was unternimmt Ihre Gemeinde oder Gemeinschaft, um im Wandel der Zeit nicht zurückzubleiben, sich für Neues zu öffnen und postmoderne Menschen zu erreichen?

„Da ist mein Herz erwacht" – Dreifache Liebeskunst

Die Sinnkrise, die den jungen Kaufmann auch mitten in rauschenden Festen einholt (vgl. 2 C 7, FQ 303), treibt ihn nach der Rückkehr von Spoleto immer wieder für Stunden aus seiner bewegten Alltagswelt vor die Stadt hinaus. Hier macht er im Lauf von einigen Monaten entscheidende Neuland-Erfahrungen, die schließlich zu einer grundlegend neuen Sicht auf die urbane Gesellschaft und sein eigenes Leben führen. In Sichtweite der Via Petrosa, einer der vier Straßen, die Assisi mit den Hauptachsen im Tal verbinden, liegt das Priorat San Masseo. Es gehört der reichen Benediktinerabtei Sassovivo in den Bergen hinter Foligno und steht damals verlassen. Franziskus entdeckt eines Tages dessen Krypta, die heute wieder von Mönchen der ökumenisch-geschwisterlichen Reformabtei Bose zugänglich gehalten wird. Der stille Ort lädt zur Sammlung ein und entspricht mit seinem Halbdunkel offensichtlich der inneren Verfassung des Kaufmannssohnes. Immer wieder zieht es ihn hierher. Die Stille wird seine erste Begleiterin auf der Sinnsuche. Bisweilen nimmt er einen Freund mit, der aber draußen bleibt und mit dem er sich nicht über das Geschehen in der Krypta austauscht (vgl. 1 C 6, FQ 203 f).

San Masseo wird zu einem Ort, an dem Franziskus sich seinen Fragen stellen kann und wo er zu sich selbst findet. In solchen Stunden beginnt der Suchende wohl auch jenes Gebet zu formulieren, das seine tiefe Sehnsucht in dichte Worte fasst.[8] Die Erfahrungen menschlicher Zerbrechlichkeit, Gefährdung und Vergänglichkeit, die Krieg, Kerker und Krankheit dem jungen Mann erschütternd aufgezeigt haben, lassen ihn in einem städtischen Gottesdienst aufhorchen, als das Hohelied des Neuen Testaments vorgelesen wird: alles menschliche Tun und Können vergehe, und „was bleibt, sind Glaube, Hoffnung und Liebe, diese drei“ (1 Kor 13). Franziskus spürt, wie sehr sein eigenes Denken und Planen in einer Sackgasse stecken. Vielleicht hilft ihm der Glaube der Kirche weiter? Der Boden unter seinen Füßen hat nachgegeben, als er in Krieg und Krankheit ins Leere stürzte: Wo findet er Hoffnung, die auch in aller Gefährdung Halt gibt? Seine Zunft, seine Familie und er selbst führen ein reichlich egozentrisches Leben, das Arbeiter ausnutzt, neue Formen der Armut schafft und Menschen ausgrenzt. Echte Liebe aber kann sich nicht auf einen engen Kreis Privilegierter beschränken. Franziskus formt den biblischen Vers aus dem Paulusbrief zum Gebet seiner Sehnsucht aus:

Höchster, lichtvoller Gott,
erleuchte die Finsternis meines Herzens
und schenke mir
einen Glauben, der weiterführt,
eine Hoffnung, die durch alles trägt,
und eine Liebe, die auf jeden Menschen zugeht.
Lass mich spüren, wer du bist,
und erkennen, welchen Weg du mir zeigst.
(Gebet vor dem Kreuz von San Damiano,
übersetzt von N. K.)

In der Fortsetzung der Via Petrosa, welche die Talstraße Via Francesca kurz nach San Masseo kreuzt und zur großen Durchgangsachse Via Antica führt, liegt der nächste Ort bewegend neuer Erfahrungen: das Aussätzigenhospital San Lazzaro. Heute erinnert nur noch das Kirchlein, seit 1300 der Santa Maddalena geweiht, an den einstigen Ort des Elends. Die Lepra verbreitet sich mit den Kreuzzügen überall im Abendland und weckt vielerorts panische Angst vor Ansteckung. Stellt jemand verdächtige Symptome fest, werden Betroffene in einer Art Bestattungsritual aus der Stadt und den eigenen Familien ausgeschlossen. Egal ob Adelige, Bürger oder Bäuerinnen, ob Jugendliche oder Mütter kleiner Kinder: speziell gekleidet, finden sie mit Glück Aufnahme im Leprosorium, wo sie ein klosterähnliches Leben führen und von Spenden leben. Reichen diese nicht aus, dürfen die Aussätzigen fern der Stadt an Wegen betteln, müssen mit Klappern jedoch alle Gesunden auf Distanz halten und jede Berührung mit ihnen vermeiden.

Franziskus erlebt auf einem Ritt durch die Gegend eine unverhoffte und unvermeidbare Begegnung mit einem dieser Leprosen. Er überwindet sich, steigt vom Pferd und erfährt von Angesicht zu Angesicht mit dem Kranken, dass sich Angst und Ekel in noch nie erfahrene innere „Süßigkeit“ verwandeln. Es folgen weitere Besuche im Leprosorium, wo Franziskus auch mit den Aussätzigen isst. Gott selbst, wird er später in seinem Testament schreiben, „der Höchste hat mich unter die Geringsten geführt, und in der Begegnung mit ihnen ist mein Herz erwacht“ (Test 1–3, frei übersetzt, vgl. FQ 59). San Lazzaro lehrt Franziskus eine bisher nie gekannte Nächstenliebe.

Wenige Wochen nachdem Franziskus Aussätzige zu Freunden gewonnen hat, ereignet sich unweit von San Masseo ein dritter Durchbruch. Erneut ist der Schauplatz ein verlassenes Kirchlein, das von einem Landpriester betreut und zugleich einsturzgefährdet ist. In San Damiano tritt Franziskus im Halbdunkel vor ein Ikonenkreuz (vgl. Gef 13, FQ 619). Es verdankt sich der orientalischen Bildkunst: Schülern einer ursprünglich aus Syrien geflohenen Eremitenkolonie auf dem Monteluco bei Spoleto. Die Ikone fasst das christliche Credo in ein Gesamtbild und zeigt den Gottessohn als zentrale Gestalt mit offenen Augen, einem offenen Ohr, weit offenen Armen und einem offenen Herzen.[9] Hier erfüllt sich das Gebet der Sinnsuche überraschend: An den „Höchsten, lichtvollen Gott“, den romanischen Herrn der Welt gerichtet, findet es Antwort im liebevollen Blick eines überraschend menschlichen Christus, der Franziskus in der Ikone auf Augenhöhe erscheint. Die Kapelle bestand damals nur aus dem Chorraum der heutigen Kirche, und die Ikone, ihr einziger Schmuck, fand sich ganz vorne in der Apsis direkt über dem Altar, wie das Fresko der

Giottoschule es noch heute in der Oberkirche von San Francesco darstellt.

Kein Weltenherrscher, sondern Gottes Sohn auf Erden überrascht, erwartet und umarmt Franziskus im Kirchlein San Damiano, das zum Ort einer neuen Gottesliebe wird: Den Fußspuren des armen Christus wird Franziskus folgen (vgl. Leo, FQ 107), und „den armen Christus" wird Klara hier später „arm umarmen" (vgl. 2 Agn 18, KQ 28).

Geschichte im Dialog mit heute

Auf seiner Sinnsuche macht Franziskus an kirchlichen Orten entscheidende Entdeckungen. Es handelt sich zwar um unbedeutende oder unansehnliche Landkirchen, ein verlassenes Priorat, das zu meidende Leprosorium und das verwahrloste San Damiano, doch ihr Dreieck steht für einen grundlegenden Dreiklang: In San Masseo lernt der Kaufmannssohn eine gesunde Selbstliebe, in San Lazzaro eine radikale Nächstenliebe und in San Damiano eine neuartige Gottesliebe. „Liebe Gott mit all deinen Kräften" und „Liebe den Nächsten wie dich selbst" nennt Jesus die zentralsten Weisungen in Gottes Bund mit Israel: eine dreifache Liebeskunst, die von Gottes Liebe getragen beim Ich beginnt, zum Du jedes Mitmenschen führt und über allem Gott selbst antwortet – „mit ganzem Herzen und ganzer Seele" (Mk 12,28–33).

Welche Orte laden mich ein, mir selbst gutzutun und mich ganzheitlich wahrzunehmen, mich zu sammeln und meine innere Stimme zu hören?

Welche Orte haben meine Nächstenliebe entfaltet, und welche Erfahrungen haben mein Herz für Liebste und auch für Ungeliebte geweckt?

Wo begegne ich dem Göttlichen ganz persönlich? Wo bete ich wie Franziskus zu einem göttlichen Du über allem? Wo zu einem Du mit uns? Das Schöne an Franziskus ist, dass das Göttliche dabei nicht ein *Es* bleibt, sondern sich als Du zeigt, das sich ansprechen und auch mit weiblichen Namen preisen lässt (vgl. LobGott; FQ 37–38).

„Unser Vater ist im Himmel" – Welt und Gesellschaft durch-schauen

Auf dem Weg von San Masseo über San Lazzaro und San Damiano – alles Orte unterhalb Assisis und Zufluchtsstätten bedürftiger Menschen am sozialen Rand – zurück in seine Heimatstadt wird Franziskus deutlich, wie exklusiv und ausgrenzend die städtische Gesellschaft lebt. Wehe, wer arbeitsuntauglich wird, wer betagt und ohne Angehörige zum Betteln gezwungen ist! Wehe, wer zu wenig Geld aufbringt, um in der Stadt Fuß zu fassen! Wehe, wer wegen Krankheit oder einer Straftat aus Assisi verbannt wird! In der Stadt kämpfen Adelige und Bürger um Macht und Privilegien, gleiten Arbeitende in neue Armut ab und erstreben Geschäftstüchtige rücksichtslos den eigenen sozialen Aufstieg.

Die überwältigenden Erfahrungen mit sich selbst, mit den Ärmsten und mit dem „armen Christus" an Orten außerhalb Assisis bewirken in Franziskus eine eigentliche „metanoia", wie die Evangelien ein radikales Umdenken, die Umkehr vertrauter Werte und eine grundlegende Neuorientierung nennen (Mk 1,15). Bewegt von der überraschenden Zuwendung Gottes in San Damiano, verkauft er kostbare Textilien, um das ärmliche Kirchlein zu schmücken und die Ikone mit brennenden Kerzen zu versorgen. Als der fassungslose Vater gewalttätig reagiert, verbirgt sich der Sohn wochenlang bei San Damiano und erscheint schließlich wegen Veruntreuung des Geldes angeklagt vor dem bischöflichen Gericht (vgl. 1 C 10–15, FQ 205–208 und Gef 16–20, FQ 621–623).

Das Fresko der Giottoschule bringt das Geschehen vor der bischöflichen Residenz auf den Punkt: Vor versammelter Bürgerschaft und unter den Augen des Ortsbischofs Guido I. enterbt sich Franziskus öffentlich und steigt damit aus seiner Familie, seiner Zunft und der städtischen Bürgerschaft aus. „Hört alle und versteht … Unser Vater (ist) im Himmel" (Gef 20, FQ 623), bekennt der Aussteiger nackt vor allen Versammelten. Die Hand des himmlischen Vaters, direkt über dem irdischen Vater gemalt, segnet und verbindet mitten in dieser dramatischen Szene nicht nur Vater und Sohn, sondern auch Adelige und Bürger, Reiche und Einfache, Laien und Kleriker, Bischof, Priester und Franziskus, der mit diesem Schritt in den kirchlichen Stand der *poenitentes* (Büßer) wechselt. Vor dem allen gemeinsamen Vater im Himmel gibt es nur Geschwister. Die bürgerliche Gleichheit, in der kommunalen Revolution Assisis erkämpft und noch immer nicht ganz durchgesetzt, radikalisiert sich im Glauben an den einen Vater: Gleichwertige Geschwisterlichkeit misst sich nicht an Besitz und Macht, verbindet Reichste und Ärmste auf gleicher Ebene und endet auch nicht an der Stadtmauer. Die Taufe macht Kinder von Königen und von Bettlern, von freien Bürgern und leibeigenen Bäuerinnen zu Töchtern und Söhnen Gottes.

Mit dieser prophetischen Botschaft vor versammelter Stadt kehrt Franziskus nach San Damiano zurück. Hier hat er Gottes Zuwendung erfahren: die Gegenwart jenes Gottessohnes, der vor der Stadt Betlehem in einer Notunterkunft geboren und draußen vor Jerusalems Toren unter Verbrechern gestorben ist. Indem er das ärmliche Landkirchlein zusammen mit Randständigen aufbaut, provoziert Franziskus die städtische Gesellschaft und Kirche wortlos: Christus hat er nicht im Prachtdom Assisis gefunden, seit achtzig Jahren eine Großbaustelle und ein Prestigeprojekt der Stadt, sondern er findet ihn draußen unter den Abgeschriebenen.

Geschichte im Dialog mit heute

Franziskus entdeckt die Radikalität des christlichen Glaubens. Dieser führt in eine Freiheit, Gleichheit und Geschwisterlichkeit, die sich weit radikaler als das Programm der Französischen Revolution erweisen. Letztere wird die drei Werte vor allem bürgerlich verstehen, auf Männer beschränken und marktwirtschaftlich nutzen.

Wo zeigt mein Glaube in der eigenen Biografie, dass er Grenzen überwindet und in eine gottgegebene Freiheit führt?

Wenn es vor dem einen Gott nur Geschwisterlichkeit gibt, welche Konsequenzen ziehe ich daraus an meinem eigenen Lebensort und in meinem Beziehungsgeflecht?

Welche Formen von Ungleichheit in Gesellschaft und Kirche bleiben ein Stachel im Fleisch, mit dem ich mich nicht abfinden kann?

Franziskus kann im Konflikt mit dem Vater einen schmerzlichen Bruch nicht vermeiden, der sich wahrscheinlich zeit seines Lebens nicht mehr überwinden lässt. Wie gehe ich mit Brüchen um, die sich in meinen vertrauten Beziehungen ereignet haben?

Wo Getrennte und einander Entfremdete nicht mehr zusammenfinden, bleibt mir Hoffnung auf das große Fest am Ende der Zeit: nicht in der „pilgernden Kirche" auf Erden, sondern in der „feiernden Kirche" im Himmel, wie es Klara mit der christlichen Tradition in ihrem Segen ausdrückt (vgl. KlSeg: KQ 84–86)?

2. Durchblicke: Franziskanische Basiskirche – Eine geschwisterliche Bewegung

Ein Aussteiger, der die trennenden Mauern und Besitzverhältnisse seiner Stadt im Licht einer radikal neuen Gotteserfahrung nicht akzeptiert, kann schwerlich Einsiedler werden und allein bleiben. Tatsächlich schließen sich Franziskus bald Gefährten aus allen sozialen Schichten an. Sie leben ein Gegenmodell sowohl zur alten feudalen wie zur neuen bürgerlichen Gesellschaftsordnung. Ebenso faszinieren und provozieren sie eine hierarchische Kirche, die Kleriker über Laien erhebt und die das „Leben der Apostel" nur Mönchen, Chorherren und Bischöfen zuspricht. Die franziskanische Bewegung stellt Gebildete und Ungebildete, Städter und Bauern, Laien und Priester als „kleine Brüder" (*fratres minores*) gleich. 1211 schließen sich erste Frauen an und entfalten ihr eigenes Modell der Christusnachfolge – den wandernden Brüdern zwar sesshaft, doch untrennbar geschwisterlich verbunden. Schließlich öffnet sich die Bewegung auch für Engagierte, die dem neuen Ideal „evangelischen Lebens" in ihren angestammten Berufen, Familien und Milieus folgen. Die religiöse Bewegung greift ab 1217 über Italien hinaus und gelangt in kurzer Zeit bis Iberien und Syrien, nach Nordafrika und England. Während sich in Europa die Nationen ausbilden, die über Jahrhunderte zahllose Kriege um Vorherrschaft und Expansion führen, vertritt die basiskirchliche Bewegung eine Geschwisterlichkeit über alle Grenzen: nationale und sprachliche, soziale und kulturelle, bald auch kontinentale und interreligiöse. Universale Geschwisterlichkeit schließt auch die Geschöpfe ein, die im Lied auf den gemeinsamen väterlichen Schöpfer vereint auf derselben Mutter Erde leben.

Was franziskanische Kirche auszeichnet, zeigt sich bereits in den ersten Entwicklungsschritten der *fraternitas*, die zu Lebzeiten des Gründers immer universalere Züge annimmt. Die Amtskirche reagiert auf diesen Aufbruch erst zögerlich, dann schützend und fördernd. Was Bischöfe, Pfarrklerus und Mönche nicht schafften – die neue Welt der Städte für die Kirche zu gewinnen –, wird die Aufgabe und Chance der neuen Bettelorden. Die franziskanische Bewegung erfährt in diesem Prozess eine Zähmung und eine Vereinnahmung. Die Politik Roms siedelt die Wanderbrüder nach dominikanischem Vorbild in städtischen Konventen an, lässt arme Schwestern in Klausurklöstern den Himmel suchen und organisiert engagierte Laien in einem „Dritten Orden". Immer wieder durchbrechen Reformen im Lauf der Jahrhunderte die kirchliche Vereinnahmung der franziskanischen Bewegung und erinnern an das Prophetische eines neuen Charismas, das heute weltweit von rund 30000 Brüdern im Ersten Orden, 16000 kontemplativen Schwestern im Zweiten Orden, über 80000 Mitgliedern in aktiven Kongregationen und einer halben Million Mitgliedern des Dritten Ordens gelebt wird.[10]

„Der Höchste hat mir gegeben" – Erste Gefährten und die *fraternitas*

Nach seiner Enterbung sucht Franziskus Gottes Auftrag und Weg mit ihm zunächst vor den Stadttoren als mittelloser Bettler unter Randständigen. Dort stellt er das Landkirchlein wieder her, wo Christus sich ihm brüderlich zugewandt zeigt. Zwei Jahre dauert diese Phase der neuen Verortung innerhalb des Stadtstaates und der Diözese Assisi. Dabei erfährt der junge Aussteiger erstaunlicherweise die Sympathie des Bischofs, der seine Hand schützend über Franziskus hält, auch wenn er als Ratgeber erst später in Erscheinung tritt. In San Damiano lässt der verarmte Priester Pietro den Kirchenbauer in seinem Haus wohnen.

Wir wissen nicht, was Franziskus nach Monaten bewegt, eine andere kleine Landkirche zu besuchen, die unweit des Leprosoriums und von zwei Hospitälern an der großen Talstraße Via Antica liegt. Rund drei Kilometer von der Stadt entfernt, gehört die Marienkapelle den Benediktinern vom Subasio. Am Rand großer Eichenwälder und an einer Straßenkreuzung hat sie die Funktion einer Pieve, d.h. einer Talkirche für die Landbevölkerung. Vermutlich ist es das Apostelfest des hl. Matthias, das im Jahr 1208 auf Montag den 25. Februar fällt, das Franziskus mitfeiern will. Dazu steigt ein Mönch der Abtei oder ein anderer Priester zur „Portiunkula" (Portiönchen), wie die Kapelle nach der dazugehörenden Landparzelle auch heißt. Franziskus wird vom Evangelium der Jüngersendung ergriffen (Mt 10,5–15) und findet im Auftrag der Apostel seine neue Berufung: den Fußspuren Jesu folgen und die Sendung seiner Jünger weiterführen – mit leeren Händen und friedfertig. Das Einsiedlerkleid weicht der Kutte eines Wanderbruders, T-förmig zugeschnitten, aus ungefärbter Wolle mit Kapuze, Strickgürtel, dazu Hosen, Mantel und Sandalen (vgl. Gef 25, FQ 626).

Franziskus kehrt nun als Laienprediger in die Stadt zurück. Er ist ein Straßenkünstler Gottes, spricht in der Sprache der Piazza und sucht „Frieden in die Häuser und die Stadt zu tragen", arbeitet als Hilfskraft, wo man ihn braucht, vermittelt in Konflikten und interpretiert das Evangelium ins alltägliche Leben der Menschen. Sein neues Auftreten provoziert die einen und fasziniert andere. Bald schließen sich erste Gefährten an: der vornehme Bernardo Quintavallis und der schlichte Pietro (nicht di Cattaneo), die sich am 16. April 1208 zu ihm gesellen, und Bauern oder Handwerker wie Egidio, der am 23. April als dritter folgt. In zwei Gruppen unternehmen sie eine erste Predigtreise über Umbrien hinaus: Bernardo und Pietro ziehen in die Toskana, Franziskus und Egidio in die Mark Ancona. Zurück in Assisi erfährt die kleine Bruderschaft Zuwachs. Weitere Gefährten stoßen zu ihr: Sabbatinus, Johannes de Cappella und Moricus, die alle drei ebenfalls aus Assisi stammen. Ihnen folgen Philippus Longus, aus dem Umfeld der Waldschwestern von Panzo am Fuß des Subasio und Johannes de Sancto Constantio, Sohn eines Vogtes der Gemeinde Assisi. Noch vor dem Winter stoßen Barbarus und Bernardus Vigilantis zur Bruderschaft. Mit Angelo, Sohn des mächtigen Konsuls Tancredi von Assisi, wählt ein erster Ritter die evangelische Armut. Noch ist diese *fraternitas* ein lokaler Aufbruch, der in ihrer Stadtstadt nach anfänglicher Ablehung allmählich anerkannt wird und die Sympathie des Bischofs gewinnt (vgl. Gef 26–45, FQ 626–637).[11]

„Der Höchste" selbst „hat mir Brüder gegeben", hält Franziskus später in seinem Testament fest, und mit ihnen sucht er noch immer ohne kirchliche Unterstützung eine neue Lebensform (vgl. Test 14, FQ 60). Noch sind es lauter Laien, die Sendung und Leben der Apostel Jesu auf sich beziehen (vgl. 1 C 23–33, FQ 213–219). Sie wagen es vor einem bedrohlichen Hintergrund: In Südfrankreich verschärft sich die kirchliche Verfolgung der Waldenser und Katharer, gegen die im Juli 1209 schließlich ein blutiger Kreuzzug entfesselt wird. Papst Innozenz III. gliedert 1207 einen Teil der waldensischen „Armen Christi" in Norditalien als „Pauperes catholici" wieder in die Kirche ein, verbietet ihnen jedoch die Wanderpredigt. Franziskus und seine Gefährten wagen sich daher auf einen riskanten Weg, wenn sie als Laien die „vita evangelica et apostolica" ohne jede theologische Bildung und kirchlichen Auftrag leben. In Assisi vermag selbst der Bischof die Brüder nicht vor Schikanen zu schützen, und die Verfolgungen nehmen bei ihren Wanderungen durch Mittelitalien überaus gewalttätige Formen an (vgl. AP 14–24, FQ 584–589).

Geschichte im Dialog mit heute

Franziskus macht die beglückende Erfahrung, Weggefährten des Glaubens zu bekommen. Mit wem kann ich meine eigenen spirituellen Erfahrungen teilen? Wie erlebe ich in meinem Alltag Weggemeinschaft im Glauben, gemeinsames christliches Engagement und gemeinsames Schöpfen aus spirituellen Quellen? Mit wem verbinden mich meine Ideale?

In einer Zeit, die Religion immer stärker zur Privatsache macht und der Glaubenspraxis individualistische Züge verleiht, droht entschiedenes gemeinsames Engagement schnell freikirchlich-missionarischen Kreisen oder neuen kirchlichen Bewegungen zugeordnet zu werden. Was überzeugt mich an mir bekannten Freikirchen und christlichen Bewegungen? Und wo sehe ich Formen entschiedenen gemeinsamen Christseins in den Landeskirchen?

Das Evangelium, die „Schrift allein" ist Maßstab der ersten Brüder, weshalb Reformatoren später in Franziskus einen Vorläufer erkennen. Wie unterscheidet sich fundamentales Christsein von fundamentalistischer Religiosität?

Die junge Bruderschaft um Franziskus muss zunächst massive Ablehnung verkraften. Wie komme ich damit klar, dass eigene religiöse Überzeugungen, christliche Praxis und kirchliches Engagement in meinem Umfeld belächelt werden?

Vom Schweinestall zu Papst Innozenz III. – Subversiv und integriert in die Kirche

Als die Widerstände gegen den neuen evangelischen Aufbruch anhalten und die Bewegung zunehmend außerhalb ihres kleinen Heimatbistums tätig wird, rät der Ortsbischof zu einer höheren Absicherung. Guido I. öffnet Franziskus und seinen ersten elf Gefährten den Zugang zu Kardinal Giovanni von San Paolo, der in Rom für alle Formen der Buße zuständig ist. Der erfahrene Kardinal, früher Arzt und Mönch der großen römischen Benediktinerabtei, versucht den Brüdern zunächst kirchlich bewährte Lebensformen schmackhaft zu machen: das eremitische Leben von Einsiedlern oder das klösterliche Leben von Mönchen. Franziskus lässt sich jedoch nicht beirren: Die Jüngersendung Jesu führt wandernd durch Dörfer und Städte und soll die Grenzen der Welt erreichen. Dies wird bereits in der Mission der ersten acht Gefährten deutlich, die Franziskus von Assisi aus in alle vier Himmelsrichtungen sendet: Je zwei Brüder ziehen symbolträchtig nach Norden, Osten, Süden und Westen – und vereinbaren zuvor, wann sie wieder zurückkehren werden (vgl. 1 C 29–30, FQ 216f).

In Rom gelingt es Franziskus, den Benediktinerkardinal Giovanni derart zu beeindrucken, dass dieser schließlich einen Empfang bei Papst Innozenz III. ermöglicht. Die Quellen lassen auf mehrere Kontakte zwischen dem Papst und Franziskus schließen. Nach dem englischen Benediktiner Roger von Wendover, dessen Chronik erstaunlich detailliert über diesen Romaufenthalt berichtet, soll der Papst aus dem Geschlecht der Segni-Grafen die Brüder zunächst zu den Schweinen gesandt haben (vgl. Wend 6, FQ 1579). Weitere Quellen berichten von bewegenden Gleichnissen, mit denen der Poverello um die Unterstützung des Papstes wirbt. Dass Innozenz III. vor dem entscheidenden Treffen in einem Traum einen Bettelbruder die wankende Kirche stützen sah, wie die Bilder das über Jahrhunderte weitererzählen, haben franziskanische Autoren allerdings von den Dominikanern übernommen, über deren Gründer das Motiv erstmals bezeugt ist. So oder so stellen die zwölf barfüßigen Minderbrüder in ihren schäbigen Kutten, von der Arbeit mit Bauern und vom Wanderleben gezeichnet, einen markanten Kontrast zur päpstlichen Hofhaltung und zur Pracht des Laterans dar. Und was Innozenz III. den Brüdern, wenn vorerst auch nur „ad experimentum", zugesteht, ist ein absolutes Novum in der mittelalterlichen Kirche: Laien ohne theologische Bildung erhalten die Erlaubnis, den Fußspuren Jesu wie die Apostel zu folgen und das Evangelium *urbi et orbi*, in der Stadt und dem ganzen Erdkreis, zu verkünden – solange sie es in die Lebenspraxis der Menschen deuten, das heißt nicht dogmatische Lehrpredigten halten. Innozenz III. setzt sich damit gegen Widerstände in der eigenen Kurie durch, die der evangelischen Armutsbewegung mit Argwohn begegnet. Wie glücklich Franziskus über das Erreichte sein kann, zeigt sich zwei Monate später: Im Juli 1209 schlagen 10 000 Kreuzritter mit päpstlichem Segen im südfranzösischen Béziers gegen die Waldenser und Katharer los. Im Gefolge eines zwanzigjährigen blutigen Krieges spalten Erstere sich endgültig von der katholischen Kirche ab und Letztere werden weitgehend ausgerottet.

Mit päpstlicher Rückendeckung kehren die Brüder des Franziskus dagegen im selben Sommer nach Assisi zurück, wo sich ihnen mit Silvestro und Leo bald auch die ersten Priester anschließen. Dass diese mit dem Eintritt in die Bewegung auf alle priesterlichen Privilegien und Pastoral verzichten, wie die anderen Brüder mit den Händen arbeiten und die Messe wie einfache Gläubige in Pfarr- und Klosterkirchen mitfeiern, stellt das geltende Kirchenrecht in Frage: Dieses teilt das Volk Gottes in Kleriker und Laien ein, von denen Erstere segnen und regieren, Letztere dagegen arbeiten und gehorchen. Unter den Brüdern entscheidet zudem nicht die Weihe, sondern Charisma und Eignung über Leitungsaufgaben, die „mütterlich" wahrgenommen werden wollen (vgl. Leo, FQ 107). Noch lässt Rom das kirchenrechtlich Subversive jedoch gewähren. Die Unterstützung des Papstes setzt den Verfolgungen in Italien ein Ende und die *fraternitas* breitet sich derart vital aus, dass die Halbinsel 1217 in sechs franziskanische Provinzen aufgeteilt werden muss und erste Expeditionen von Brüdern nach Nordafrika, in den Nahen Osten, über die

Alpen nach Frankreich und über die Pyrenäen in die iberische Welt aufbrechen.

Geschichte im Dialog mit heute

Die römische Kirche hat einen ausgesprochenen Ordnungssinn. Wo wünsche ich mir mehr Offenheit für Experimente: in Gemeinden und Gemeinschaften, in der Seelsorge und Verkündigung, in der Ökumene und in der Evangelisierung?

Stärker noch als die Lehre unterscheidet das Kirchenrecht nach wie vor zwischen klerikalen Amtsträgern und dem Engagement der Laien im Volk Gottes, das nicht selten unter Formen des Klerikalismus leidet. Wie stehen Sie zur Aussage des jetzigen Papstes, wenn er Klerikalen begegne, werde er „auf der Stelle antiklerikal"? Wozu ermutigt mich Franz von Assisi, der als Laie auch mit höchsten Amtsträgern zu ringen wagt?

Priestermangel in unseren Ortskirchen bewirkt, dass Liturgie und Verkündigung weitgehend nichtgeweihten Theologinnen und Theologen anvertraut sind. In jungen Kirchen versammeln Katechetinnen und Katecheten ohne Studium die Gemeinden zum Sonntagsgottesdienst. Die franziskanischen Ursprünge ermutigen dazu, Leben und Apostolat der Jünger Jesu vertrauensvoll in Laienhände zu legen und dies nicht zu einem Notbehelf herabzuwürdigen.

Wenn das Lesen und Leben des Evangeliums nicht Privileg einer Gruppe kirchlicher Professioneller ist, sondern alle Getauften dazu berufen sind, wenn die evangelischen Räte sich also auf alle beziehen: Wo sehe ich meine Form, mit wachem Auge, freien Händen und mutigen Füßen Christus nachzufolgen?

„Freundinnen des Heiligen Geistes" – Klaras Frauenkirche in San Damiano

Dass in Frankreich im Albigenserkreuzzug ab 1209 auch die Waldenserbewegung blutig verfolgt wird, deren Gründer, wie Franziskus ein Kaufmann, sich seit 1173 der evangelischen Wanderpredigt widmet, hat vor allem zwei Gründe: Valdes von Lyon lässt Männer und Frauen gemeinsam nach dem Beispiel der Apostel umherziehen und predigen; seine Bewegung erfährt zudem schnell Widerstand und Missbilligung durch den zuständigen Erzbischof, ist 1184 erstmals exkommuniziert worden und verschärft seither ihre Kritik an der katholischen Amtskirche. Franziskus wird seine Kirche nie verbal kritisieren, sie allerdings in sprechenden Taten öfter unliebsam an das Evangelium Jesu erinnern und in provokativen Aktionen kritisch herausfordern. Als sich der Bewegung 1211 auch erste Frauen anschließen, verzichten Klara und ihre Gefährtinnen auf ein schwesterliches Wanderleben. Anders als Dominikus von Caleruega, der ab 1207 Frauen in streng geschlossenen Klausurklöstern sammelt, hütet sich Franziskus, seinen Gefährtinnen einen Weg vorzugeben: Da nach dem Wort Jesu nur einer der Meister ist und alle in der Nachfolge Geschwister sind (Mt 23,8; Joh 13,13), darf kein Bruder und kann nur Gott selbst Klara den Weg ihrer Berufung weisen (vgl. LebKl 8, KQ 302; 2 Agn 14, KQ 27; KlReg 6,1, KQ 64).

Als die junge Adelige Klara in der Nacht nach Palmsonntag 1211 aus ihrem Wohnturm in Assisis Oberstadt flieht, begleiten sie Brüder zur Portiunkula-Kapelle, feiern mit ihr den mutigen Schritt in die Nachfolge Jesu und bringen sie dann nach diesem gemeinsam geplanten Szenario – gewiss abgesprochen mit dem Ortsbischof und der Äbtissin – vor den wütenden Verwandten in den Schutz der nahen Nonnenabtei San Paolo delle Abbadesse. Deren Karwoche verläuft durch das Anstürmen von Klaras Verwandten turbulent. Als sich der Widerstand nach Ostern legt, begleiten die Brüder Franziskus, Bernardo und Filippo Longo ihre erste Schwester zur beginenähnlichen Gemeinschaft von Sant'Angelo di Panzo. Nachdem Klara Einblicke in die klassische monastische Lebensweise erhalten hat, sammelt sie nun Erfahrungen unter Waldschwestern, die ohne Mauern und feste Strukturen leben.

In Panzo, das am Fuß des Monte Subasio drei Kilometer südlich von Assisi im Bergwald verborgen liegt, finden schon nach wenigen Tagen zwei weitere Gefährtinnen zu Klara. „Drei bilden ein Kollegium", sagt das Kirchenrecht mit Justinian, und so können die Frauen zu dritt eine eigene Gemeinschaft gründen. Sie wählen dazu San Damiano aus, 800 m vor dem Stadttor San Giorgio an einer damals belebten Ausfallstraße Assisis gelegen. Die Ortswahl ist sprechend für die Berufung der Schwestern: eine kleine Landkirche mit angrenzendem Haus, das der Priester Pietro inzwischen verlassen hat, keine weiteren Strukturen, im Zentrum die Ikone des „armen Christus" und der Ort selbst eine Zufluchtsstätte Randständiger. Tatsächlich lassen die Anfänge des schwesterlichen San Damiano ein eigenständiges Ideal erkennen, das sich nicht weniger als die Brüder am Evangelium orientiert. Folgen die Männer der *fraternitas* dem Wanderleben der Apostel bis an die Grenzen der Erde, wählen sich Klara und ihre Gefährtinnen das Haus von Marta und Maria in Betanien zu ihrem Modell der Nachfolge: sesshaft, doch gastfreundlich, indem sie nicht nur den „armen Christus" beherbergen, sondern auch seinen „geringsten Geschwistern" – Menschen mit Nöten und Bedürfnissen verschiedenster Art (Mt 15) – hilfreich begegnen.[12] Auch anderswo in Mittelitalien entstehen in Kürze Frauengemeinschaften, die sich „kleine Schwestern" *(sorores minores)* nennen, mit den Brüdern verbunden sind und „in der Nähe von Städten in Herbergen" leben (vgl. 1 Vitry, FQ 1534f). Erst 1229 wird sich Klaras Gemeinschaft in ein Kloster verwandeln.

Nicht nur die örtlichen Strukturen von San Damiano lassen in den ersten Jahren viel Gestaltungsraum, auch die „Lebensform" der Frühzeit atmet eine erstaunliche Freiheit. Klara bittet den poetisch begabten Franziskus zwischen 1212–1214, die Berufung der Schwestern schriftlich in wenige Worte zu fassen. Er wird hier später den Sonnengesang dichten, der Gott für das harmonische Zusammenspiel von schwesterlichen und brüderlichen Geschöpfen in der geschaffenen Welt preist. In der „Lebensform für Klaras Schwestern" verdichtet der Bruder, „von herzlicher Zuneigung bewegt" (KlTest 29, KQ 79), eine weibliche Lebenswahl, indem er deren tragende Beziehungen in einem einzigen Satz beschreibt:

> „Da ihr Schwestern euch, von Gott inspiriert,
> zu Töchtern des himmlischen Vaters gemacht habt
> und ihm als höchstem König dient
> und euch als Geliebte dem Heiligen Geist
> innig verbindet,
> indem ihr das Evangelium (Christi wie die Apostel)
> radikal lebt,
> verspreche ich für mich und meine Brüder,
> euch ebenso wie ihnen immer
> in sorgsamer Liebe verbunden zu sein"
> (vgl. FormKl, FQ 68 – übersetzt von N. K.).

Klara findet ihre Berufung in dieser verdichteten Lebensform derart genial zusammengefasst, dass sie wider alle Vereinnahmungen und Widerstände vonseiten der römischen Kirche vierzig Jahre daran festhält und den kurzen Text schließlich ins Herzstück ihrer eigenen Ordensregel einfügt (vgl. KlReg 6, KQ 64).

Geschichte im Dialog mit heute

Frauen haben in der Kirche noch immer nicht dieselbe Freiheit wie Männer. Anders als die Waldenser wählt die franziskanische Bewegung keine kompromisslose Gleichstellung, die zum Bruch mit der Großkirche führt, sondern nutzt kreative Freiräume innerhalb der eigenen Glaubensgemeinschaft. In der Lebensform von San Damiano steckt dabei eine innere Brisanz:

Als Töchter des himmlischen Vaters sind Klaras Schwestern einzig dem „Höchsten" verpflichtet und keine patriarchale Autorität kann sie in dieser Würde bevormunden: Klara wird auch den Heiligen Vater in Rom daran erinnern, dass der Vater im Himmel selbst für ihre Gemeinschaft sorgt (1–2 Priv, KQ 358–365). Wo wünsche ich mir heute, dass die Emanzipation der Frau in der Kirche voranschreitet? Was dürfen und sollen selbstbewusste Töchter des gemeinsamen Vaters einfordern oder mutig wagen?

Als intime Freundinnen und Vertraute des Heiligen Geistes brauchen Klaras Schwestern keine Normen und disziplinäre Vorgaben, um ihr gemeinsames Leben und Wirken selbst zu bestimmen. Klara wird so auch ängstliche Regelungen durch Männer der Amtskirche souverän zurückweisen. Was stärkt mein eigenes Vertrauen in die göttliche Weisheit und Liebe, die jeden Menschen inspiriert und leitet? Wie gehe ich mit Gesetzen um, die spirituelles Leben eher einschnüren als es fördern?

Als mutige Jüngerinnen Jesu, die wie die Apostel den Rat Jesu an den Reichen befolgen, wagen Klaras Schwestern eine eigene weibliche Form der Nachfolge. Welche Seiten des Evangeliums bieten mir selbst ein Modell, an dem ich mein christliches Leben inspiriere? An welchen Gefährten oder Freundinnen Jesu kann ich mich persönlich am besten orientieren?

Klaras Gemeinschaft verbindet in San Damiano kontemplative Mystik mit dem Dasein für Menschen: das „Leben der Marta" mit dem „Leben der Maria", was Franziskus Jahre später in seine Regel für die Eremitorien übernehmen wird (vgl. REins, FQ 103 f). Wie schaffe und wahre ich mir Freiräume für das eine und das andere, für stille Sammlung und aktives Engagement? Und wie bringe ich beide Dimensionen in ein gutes Zusammenspiel?

„Wenn es Gott gefällt – inshallah" – Friedensmissionen in die Welt des Islam

Die Schwesterngemeinschaft von San Damiano schaut auf ihr erstes Jahr zurück, als sich die Brüder 1212 aus allen Gegenden zum Pfingsttreffen versammeln, die Erfahrungen ihres Wanderlebens reflektieren und sich den aktuellen Herausforderungen der Welt stellen. Kurz darauf gelangt der sogenannte „Kinderkreuzzug" nach Italien. Scharen von jungen Leuten, vornehmlich aus der Unterschicht, haben sich in Nordfrankreich und im Rheinland von der Idee begeistern lassen, dass nach dem erfolglosen Dritten Kreuzzug (1189–1192) und dem zur Besetzung Konstantinopels missbrauchten Vierten Kreuzzug (1204) nicht die Mächtigen Europas, sondern fromme Arme das Heilige Grab in Jerusalem zurückerobern werden. Tausende junger und charismatisch erhitzter Militanter kommen im Juli vom Mittelrhein her über Bayern und den Brennerpass in die Poebene und nach Ligurien. Mit Gottes Hilfe hoffen sie das Heilige Land singend zu erobern wie einst Israel am Ende des Exodus unter Josua. Ein Teil des unbewaffneten Heerzuges versinkt in einem Seesturm vor Sardinien, andere werden von Genueser Seefahrern in Nordafrika als Sklaven verkauft, weitere ziehen zu Fuß nach Rom. Vor diesem Hintergrund beschließt Franziskus ein erstes Mal eine Gegenaktion zum Kreuzzugswahn: Dialog und Mission sollen an die Stelle von Kampf und Militanz treten. Franziskus plant einen Aufbruch nach Syrien, der jedoch wegen eines Schiffbruchs in der Adria scheitert.

Zwei Jahre später berät das Pfingsttreffen der Brüder über die Entwicklung in Spanien: Bei Las Navas de Tolosa, einem Ort am Fuß der andalusischen Sierra Morena, hat im Sommer 1212 eine Entscheidungsschlacht zwischen Christen und Muslimen stattgefunden. Dabei besiegte ein christliches Bündnis unter König Alfons VIII. die maurischen Almohaden. Muslimische Quellen berichten, dass von 22.000 eigenen Kämpfern keine zwei Tausend überlebt haben. Die vernichtende Niederlage Kalif Muhammads an-Nasir eröffnet der Reconquista den Weg in den Süden der iberischen Halbinsel. Vom Sieg im spanischen Kreuzzug beflügelt, hat Innozenz III. 1213 zum Fünften Kreuzzug im Orient aufgerufen und zugleich die Eroberung des restlichen Spanien zum heiligen Krieg erklärt. Franziskus wählt 1214 erneut den Weg des Dialogs mit den gedemütigten Mauren, deren neuer Kalif Yusuf II. an-Mustansir sich vorerst nach Marokko zurückgezogen hat. Auch der zweite Versuch, einem vom Papst ausgerufenen heiligen Krieg der Christen gewaltlosen Dialog und friedliche Verständigung entgegenzusetzen, scheitert: Franziskus erkrankt in Nordspanien nach 2000 km Fußweg durch Südfrankreich und kehrt im Frühjahr 1215 nach Assisi zurück.

Der vom Papst proklamierte Fünfte Kreuzzug wird 1217 tatsächlich lanciert, sitzt jedoch unter König Andreas II. von Ungarn und Herzog Leopold VI. von Österreich bald in Palästina fest. Im Sommer 1218 übernimmt Kardinal Pelagius mit neuen Truppen im Namen des Papstes die Führung dieses Kreuzzuges, der sich nun gegen das Lager des neuen Sultans Muhammad al-Kāmil im Nildelta wendet. Papst Honorius III. sorgt mit Ablässen dafür, dass das christliche Heer laufend neuen Zustrom erhält. Das wiederholte Angebot des Sultans, Jerusalem und große Teile Palästinas gegen den Abzug der Kreuzfahrer freizugeben, lehnt der militante spanische Benediktinerkardinal im Frühling 1219 ab. Erneut befasst sich das folgende Pfingstkapitel der Brüder, deren Bewegung seit zwei Jahren in Syrien präsent ist, mit dem eskalierenden Religionskrieg. Franziskus beschließt ein drittes Mal zu einer Friedensmission in die islamische Welt aufzubrechen. Diesmal gelingt die Reise auf einem Nachschubschiff des Kreuzzugs. Statt die Kreuzritter beim ägyptischen Damiette im „heiligen Kampf“ zu bestärken, warnt Franziskus im Stil eines biblischen Propheten vor einem weiteren Waffengang. Zum Missfallen des Kardinallegaten begibt sich der Poverello während einer längeren Kampfpause im September ins Lager des Sultans und gewinnt in tagelangen Religionsgesprächen dessen Freundschaft. Auch wenn die Friedensmission politisch erfolglos bleibt und sich die Kämpfe im Spätherbst blutig fortsetzen, geht die freundschaftliche Begegnung zwischen dem islamischen Oberherrscher und dem christlichen Bruder als prophetisches Zeichen in die Geschichte ein.

Franziskus kehrt tief beeindruckt vom Islam nach Italien zurück. Das fünfmalige Beten der Muslime im Alltag regt ihn an, in Rundbriefen an alle Völker weltweit ein abendliches Gebetszeichen vorzuschlagen, um wenigstens einmal täglich überall auf Erden gemeinsam zu Gott zu beten. Die Idee führt in der katholischen Welt zur Entstehung des Angelus-Läutens, zunächst abends, dann auch morgens und mittags. Die islamische Ehrfurcht vor dem Koran bewegt Franziskus, auch die Heilige Schrift der Christen noch würdevoller zu behandeln. Die Weisheit der 99 Namen Allahs inspiriert den Poverello, Gott ebenfalls in vielen Namen zu preisen. Während der Islam allerdings nur männliche Attribute Gottes kennt, ist ein Drittel von Franziskus' Gottesnamen weiblich (vgl. LobGott, FQ 37f). Das Vertrauen im islamischen „inshallah" fließt sogar in jenen Text der Ordensregel ein, der zum friedlichen Zusammenleben mit Muslimen aufruft: Brüder sollen zu „den Sarazenen" ziehen, dienstbar unter ihnen leben, mit ihrer Kultur vertraut werden – und erst dann und nur „wenn es Gott gefällt" auch das Glaubensgespräch suchen (vgl. NbR 16, FQ 81–83).

Geschichte im Dialog mit heute

Wenn die Welt- und Naturreligionen sich heute auf höchster Ebene zu Friedenstreffen versammeln, tun sie es in Assisi. Die kleine Heimatstadt des Franziskus wird daher auch Hauptstadt der Weltreligionen genannt. Der „Geist von Assisi" knüpft an der prophetischen

Begegnung mit Sultan al-Kāmil an und ermutigt dazu, durch respektvollen Dialog der Religionen den Weltfrieden im Großen und Kleinen zu fördern.[13]

1986 hat Papst Johannes Paul II. zu einem ersten interreligiösen Friedensgebet nach Assisi geladen. Jede beteiligte Welt- und Naturreligion hat mit eigenen Worten und Zeichen im Kreis aller für den Weltfrieden gebetet. Das bewegende Treffen stiftet seither weltweit zu lokalen und regionalen Friedensgebeten und interreligiösen Zeremonien an.

Im Frühjahr 2002 haben über 300 Delegationen aller größeren Kirchen und Religionen nach dem 11. September und angesichts eines neuen großen Krieges der Religionen jede Form von Gewalt im Namen des Glaubens geächtet: Echte Religiosität ist mit militanter Politik unvereinbar. Wer Hetzern, die sich auf Gott berufen, Einhalt gebieten will, kann sich auf den „Dekalog für den Frieden" in der Assisi-Erklärung der Weltreligionen von 2002 berufen.

Im Herbst 2011 hat Benedikt XVI. zu einem dritten großen Friedensgebet nach Assisi geladen. Die Einladung zu einem Tag der Reflexion und des Gebets ging an „Pilgernde der Wahrheit und Pilgernde des Friedens" und versammelte alle bedeutenden Religionen sowie gottsuchende Ungläubige. Keine Kirche und keine Religion, erklärte der Gastgeber, besitze die Wahrheit: Jede echte Religion suche sie pilgernd und könne von andern Pilgernden lernen. Beim vierten großen Friedensgebet verurteilte Papst Franziskus im September 2017 nach einem Terrorsommer in Europa jede Form von „Gewalt im Namen Gottes" als „gottlos", was 300 Delegationen aller größeren Kirchen und Religionen mit langem Applaus bekräftigten.

Wie lassen sich neu aufkommende antijüdische Haltungen und islamfeindliche Stimmungsmache in Europa in meinem Umfeld abschwächen? Wo sehe ich Möglichkeiten, in einer zunehmend multireligiösen Gesellschaft diffuse Ängste vor Fremden durch respektvolle Annäherung und Vertrauen schaffendes Zusammenwirken abzubauen?

Lange nach Franziskus haben das Zweite Vatikanische Konzil und die letzten Päpste erkannt, dass es Gottesliebe und Wahrheit in jeder Religion gibt. Wo habe ich interreligiöse Begegnungen ermutigend erfahren? Was habe ich selber von anderen Religionen bisher gelernt?

„Christus zur Welt bringen" – Glaube als Freundschaft und Mutterdienst

Die Faszination der franziskanischen Bewegung erfasst zunehmend auch Eheleute und Menschen mit familiären Pflichten. Franziskus ermutigt sie, dem Ruf Christi in ihren Berufen, Dörfern und Beziehungsnetzen zu folgen. Sein „Brief an die Gläubigen" sieht in „Frauen und Männern" jeder Lebensweise „Söhne und Töchter des himmlischen Vaters", „Wohnung des Heiligen Geistes" und „Geliebte, Geschwister und Mütter Jesu Christi" (1 Gl 1–10, FQ 123f). Im Vertrauen auf die göttliche Inspiration jedes Menschen sieht Franziskus erneut von strukturellen Regeln ab. Römischer Ordnungssinn treibt dagegen Kardinal Hugo von Ostia an, vom Evangelium inspirierte Laien in Dörfern und Städten zu sammeln und ihnen Normen zu geben.

Tatsächlich wird um 1221 erstmals eine Skizze greifbar, mit der die Römische Kurie franziskanisch engagierte Laien fortan in lokale Gemeinschaften fasst. Ihre Mitglieder verpflichten sich in ihren Berufen und Familien zu einem gemeinsamen Lebensprojekt: Sie durchlaufen ein Einführungsjahr, versprechen materiell einfach zu leben, reichen

Banketten, Bällen und Festen fernzubleiben, an drei Wochentagen auf Fleisch zu verzichten, regelmäßig eine Anzahl Vaterunser im Tageslauf zu beten, die Sakramente zu schätzen, keinen Eid zu leisten und nie Waffen zu tragen, das Familienleben christlich zu gestalten, unter sich Solidarität in wirtschaftlichen Nöten zu leisten und sich in monatlichen Versammlungen zu treffen. Sie wählen sich „Diener" (Minister), die den Zusammenhalt festigen und die Kranken besuchen.

Diese Laiengemeinschaften entwickeln bald ein sozial und politisch subversives Profil: Gliedert sich die Gesellschaft in Stände und Klassen, verbinden sich franziskanisch Inspirierte geschwisterlich. So zählt die *fraternitas* in der Universitätsstadt Bologna 1252 unter ihren 57 Mitgliedern Notare, Schreiber, Barbiere, Schneider, Schreiner, Papierproduzenten, Apotheker, Bäcker und Gerber. Indem die Mitglieder solcher Gemeinschaften auf das Waffentragen und auf Eide verzichten, werden sie in den spätmittelalterlichen Städten mit ihren zahlreichen Fehden zu einer Friedensbewegung, die von den Päpsten vor Sanktionen durch die Behörden geschützt werden muss. 1289 erkennt der erste Franziskanerpapst Nikolaus IV. diese Laienbewegung als „Dritten Orden" des heiligen Franziskus an.

Geht die Grundstruktur dieses Laienordens auf den Ordnungssinn der römischen Kurie zurück, beruft sich der OFS (= *Ordo Franciscanus Saecularis*) spirituell bis heute auf die Briefe des Franziskus an engagierte Familienleute und Menschen in jeder Lebensform. Der folgende Kerntext ist als Perle der Spiritualität mit dem Titel „Vom Glück der neuen Familie Gottes" überschrieben:

„Und auf all jenen Männern und Frauen (die um Gottes willen jeder menschlichen Kreatur hilfreich begegnen)

[1 Petr 2,13] wird der Geist des Herrn ruhen [Jes 11,2], und er wird sich in ihnen eine Wohnung und Bleibe schaffen [Joh 14,23]. Und sie werden Töchter und Söhne des himmlischen *Vaters* sein, dessen Werke sie tun. Und sie sind Geliebte, Geschwister und Mütter unseres Herrn *Jesus Christus*. Seine Geliebten sind wir, wenn die gläubige Seele durch den *Heiligen Geist* mit Jesus Christus verbunden wird. Seine Geschwister sind wir ja, wenn wir den Willen seines Vaters tun, der im Himmel ist. Seine Mütter sind wir, wenn wir ihn durch die Liebe und ein reines Gewissen in unserem Herzen und Leibe tragen; wir gebären ihn durch ein heiliges Wirken, das anderen als Vorbild leuchtet“ (vgl. 2 Gl 48–53, FQ 132).

Geschichte im Dialog mit heute

Der überaus dichte Text erinnert an die Lebensform für Klaras Schwestern. Derselbe Dreiklang spricht Menschen in allen Lebensweisen würdevolle Gottessohnschaft und -tochterschaft mit Blick auf den gemeinsamen Vater zu. Ist Gott tatsächlich der Vater aller, wer ist mir dann nicht Schwester oder Bruder? Niemand kann Gott gefallen, der achtlos am Schicksal seiner Kinder vorbeigeht. In der zunehmenden Individualisierung unserer Gesellschaft wird ein solcher Glaube zur Herausforderung.

Franziskus sieht den Geist Gottes auf jedem Menschen ruhen, der für ihn empfänglich ist. Reißt in Konflikten der Gesprächsfaden, tue ich gut daran, Gegner nicht zu Feinden oder Unpersonen zu erklären, sondern den göttlichen Geist in mir und in ihnen zu bitten, auf beiden Seiten wirksam zu bleiben.

Die Beziehung zu Christus erhält im zitierten Brief gleich mehrere Farben: freundschaftlich-liebende, geschwisterliche und mütterliche. Dabei traut Franziskus auch Männern zu, in spiritueller Mütterlichkeit Christus im eigenen Leben zur Welt zu bringen. Mit welchen Namen und Farben würde ich meine Christusbeziehung charakterisieren?

Leonardo Boff plädiert im Sinn des Franziskus zu einer echt trinitarischen Spiritualität: Wer ausschließlich zum Vater im Himmel bete, neige oft zu einer hierarchischen Sicht von Kirche und Gesellschaft, setze auf Autorität und rufe nach Ordnung; wer seine ganze Leidenschaft darauf richte, mit Christus eine menschlichere Welt zu schaffen, verkürze den Glauben schnell diesseitig auf Politik und sozialen Einsatz; und wer vor allem Innerlichkeit suche, begnüge sich unversehens mit der Pflege des eigenen Seelengärtchens. Wer den Glauben in allen drei Dimensionen entfaltet, verbindet innere Tiefe mit universaler Weite, persönliche Individualität mit geschwisterlicher Solidarität, engagierte Praxis mit dem Vertrauen auf Gott in und über der Weltgeschichte.

„novitas franciscana" – Tradition und Innovation

Zehn Jahre, nachdem Innozenz III. den ersten zwölf Brüdern erlaubt hat, das Evangelium auf dem ganzen Erdkreis zu verkünden, ist die Bruderschaft tatsächlich auf allen drei bekannten Kontinenten anzutreffen. Die Pfingstversammlung von 1217 hat namhafte Expeditionen von Assisi in alle Himmelsrichtungen ausgesandt: Frate Elia führt Brüder in den Orient nach Syrien und ins Heilige Land, wo der Orden bis heute ohne Unterbrechung präsent geblieben ist. In den Westen ziehen Brüder mit Frate Zaccaria, um in Spanien Fuß zu fassen, wo sie allerdings für Ketzer gehalten werden. Ähnlich ergeht es den beiden Expeditionen unter den Brüdern Pacifico und Giovanni Bonelli, die ins französische Königreich und in die Provence wandern. Die vierte Gruppe segelt mit Frate Egidio übers Mittelmeer nach Tunesien und provoziert mit ihrem Missionseifer christliche Kaufleute, welche die Brüder nach Italien zurückverfrachten. Die teilweisen Misserfolge werden an der Pfingstversammlung 1218 ausgewertet, und ein Jahr später ziehen besser vorbereitete Expeditionen mit päpstlichen Schutzbriefen über die Alpen und auf die iberische Halbinsel. Während es nun in Frankreich und Spanien gelingt, Niederlassungen zu gründen und Provinzen zu errichten, misslingen diese Versuche in Deutschland und Ungarn. Auch hier wird erst der zweite Versuch 1221 von Erfolg gekrönt sein.

Die neuartigen Wanderbrüder müssen in ihrer weltweiten Sendung gleich drei Hürden überwinden: erstens mit kulturell und sprachlich völlig neuen Welten vertraut werden, zweitens Skepsis wegen ihrer Ähnlichkeit mit Waldensern oder Katharern beseitigen und drittens sich als junger Orden empfehlen, der dem seit Jahrhunderten von Benediktinern geprägten Ideal religiösen Lebens diametral zuwiderläuft. Nach der Benediktsregel sind Brüder, „die zeit ihres Lebens von Land zu Land schweifen“, sich da oder dort „je drei oder vier Tage beherbergen lassen“, „immer unstet und nie beständig“ sind und dabei auch „ohne Hirten“ auskommen, „eine ganz abscheuliche Art von Mönchen“, nämlich „Gyrovagen“.[14]

Indem Papst Honorius III. sich entschieden hinter die neue Lebensform stellt, die *fraternitas* ab 1219 als Orden der

Kirche bezeichnet und ihr Leben nach dem Vorbild der Apostel allen Ortskirchen empfiehlt, öffnet sich den Brüdern der Weg zum weltweiten Erfolg. Mit der Bestätigung der definitiven Ordensregel 1223 wird das neue Lebensmodell für alle Zeit anerkannt. Dieses setzt dem Ideal der Mönche und Nonnen, die in stillen Klöstern ein sesshaftes Leben in strikter Ordnung führen und sich in festen Rhythmen von Gebet und Arbeit ganz dem Gottesdienst weihen, ein dynamisches Leben gegenüber: Ohne Klöster, ohne Besitz, ohne feste Aufgaben, vielerorts auch noch ohne Bücher und mehrheitlich ohne theologische Studien und ohne Priesterweihe leben die Brüder das Evangelium unterwegs, friedfertig und dienstbar. Sie verdienen ihr Brot mit Arbeit in städtischen Häusern, auf den Feldern der Bauern und in Hospitälern, überbrücken soziale Gegensätze, vermitteln in Streitigkeiten und vertrauen darauf, dass Taten oft mehr sprechen als Worte. Tatsächlich entdecken immer mehr Menschen, dass diese neuartigen Jünger Jesu die Kraft des Evangeliums mit neuer Frische erfahrbar machen. Tief beeindruckt porträtiert Bischof Jacques de Vitry 1221 den jungen Orden in seiner „Abendländischen Geschichte“:

„Die Minderen Brüder … sind leidenschaftlich darauf bedacht, aus den reinen Quellwassern des Evangeliums zu schöpfen … In bewusster Nachahmung der Lebensweise der Apostel beschränken sie sich nicht auf die Erfüllung der evangelischen Gebote, sondern befolgen auch die evangelischen Räte, indem sie auf ihren ganzen Besitz verzichten [Mk 10] … und nackt dem Nackten [Christus] nachfolgen. Der Herr Papst hat ihre Regel bestätigt und ihnen die Vollmacht erteilt, in allen Kirchen, wohin sie kommen, zu predigen … Sie werden zu zwei und zwei zu predigen ausgesandt und gehen gleichsam dem Herrn voraus, wie um seine zweite Ankunft vorzubereiten [Lk 10]. Diese Armen Christi nehmen weder eine Vorratstasche mit auf den Weg noch etwas zu essen, weder Geldbeutel noch Geld noch Münzen; sie besitzen weder Gold noch Silber und tragen auch keine Schuhe an den Füßen [Mt 10] … Sie haben auch keine Klöster und Kirchen, keine Äcker und Weinberge, keine Tiere und weder Häuser noch sonstigen Besitz. Sie haben wirklich nichts, ‚wohin sie ihr Haupt legen könnten' [Mt 8]. Sie kleiden sich nicht in Pelz oder Leinen, sondern nur mit einer wollenen Kutte mit Kapuze … Werden sie zum Essen eingeladen, trinken und ‚essen sie, was ihnen vorgesetzt wird' [Lk 10] … Ein- oder zweimal im Jahr kommen sie zur festgesetzten Zeit an einem bestimmten Ort zusammen und feiern ihr Generalkapitel. Von dieser Zusammenkunft sind allein die ausgenommen, welche jenseits des Meeres sich aufhalten oder durch allzu große Entfernung verhindert sind. Nach dem Kapitel werden sie von ihren Leitern wiederum in Gruppen zu zweien oder zu mehreren in die verschiedenen Gegenden, Provinzen und Städte geschickt. Nicht allein mit ihrer Predigt, sondern vor allem durch ihr Beispiel eines heiligen Lebens gewinnen sie viele Menschen niederen Standes, aber auch Adlige und Reiche für Gott … In kurzer Zeit haben sie sich so stark vermehrt, dass es in der Christenheit kaum noch eine Gegend gibt, in der sich nicht einige Brüder aufhalten … Dies ist … die wunderbare und nachahmenswerte Religion apostolischer Männer" (3 Vitry, FQ 1538–1541).

Geschichte im Dialog mit heute

Das schlichte und doch bewegende Leben der frühen Brüder, die meisten Laien und ohne kirchliche Ämter, erinnert an die Weisheit von Frère Roger aus Taizé: täglich in die Praxis umzusetzen, was man vom Evangelium begriffen hat. Wie und wo schöpfe ich in meinem Alltag „aus den reinen Quellwassern des Evangeliums"?

Franziskanische Ordensleute sind nicht Mönche und Nonnen, sondern Brüder und Schwestern. Sie lösen das monastische Klosterleben nicht ab, fügen ihm aber eine dynamische Alternative hinzu. Die eine Lebensform setzt auf Stabilität, die andere auf Mobilität. Indem die beiden Orden von Anfang an eng zusammenwirken, unterstreichen sie eine Lebensnotwendigkeit. Die Kirche als Gemeinschaft und Menschen als Individuen brauchen beides: das Zusammenspiel von Beständigkeit und Beweglichkeit, von Tradition und Innovation, von Verwurzelung vor Ort und dem Überschreiten trennender Grenzen, globale Visionen und lokales Leben.

„Kleine Brüder bleiben" – Karriere nach unten – wie Christus

Bewunderung für die kraftvolle Lebensweise dieser Brüder ruft allerdings auch Kirchenhirten auf den Plan, die den jungen Orden für Kirchenämter vereinnahmen möchten. Franziskus reagiert gegenüber Kardinal Hugo von Ostia mit allem Freimut, als dieser die Brüder mit edlen Argumenten für kirchliche Ämter und Karrieren zu gewinnen sucht:

„In Rom hatten sich bei dem Herrn von Ostia, der später Papst wurde, die beiden hellen Leuchten des Erdkreises eingefunden: der heilige Dominikus und der heilige Franziskus … Ihnen sagte der Bischof: ‚In der Urkirche waren die Hirten der Kirche arm und Menschen, die von Liebe erglühten, nicht von Habgier. Warum nehmen wir nicht aus euren Brüdern Bischöfe und Prälaten, die durch Lehre und Beispiel den Übrigen voranleuchten?' … Dominikus gab dem Bischof also zur Antwort: ‚Herr, meine Brüder sind, wenn sie es recht erkennen, auf eine hohe Stufe gestellt, und ich werde, soweit es in meinen Kräften steht, nicht erlauben, dass sie eine andere Art der Würde erlangen.' Als er so in Kürze seine Antwort gegeben hatte, verneigte sich der selige Franziskus vor dem Bischof und sprach: ‚Herr, Mindere sind meine Brüder deswegen genannt, damit sie sich nicht herausnehmen, Höhere zu werden. Ihre Berufung lehrt sie, den letzten Platz einzunehmen und den Spuren des demütigen Christus zu folgen … Wenn Ihr wollt, dass sie in der Kirche Gottes Frucht bringen, dann erhaltet und bewahrt sie in dem Stande, zu dem sie berufen sind, und führt sie, selbst gegen ihren Willen, auf den letzten Platz zurück. Ich bitte daher, lasst sie unter keinen Umständen zu kirchlichen Ämtern emporsteigen, damit sie nicht umso stolzer werden, je ärmer sie sind, und sich überheblich zeigen!' Dies war die Antwort der beiden Heiligen" (1 C 148, FQ 380).

Eine weitere Begebenheit mit demselben Kardinal, dem mächtigsten Mann neben Papst Honorius III. und ab 1227 dessen Nachfolger auf dem Petrusstuhl, steht illustrativ für Franziskus' Art der Kirchenkritik. Die von mehreren Autoren geschilderte Episode provoziert wortlos durch das praktische Tun: Der Poverello findet sich wieder einmal in der Ewigen Stadt und Kardinal Hugo lädt ihn zum Essen ein. Der „Herr von Ostia" nutzt die Gelegenheit, den berühmten Bruder seinen Verwandten aus dem Geschlecht der Segni-Grafen und hohen Prälaten vorzuführen. Eine reiche Tafel wird gedeckt, um die sich die Herren zur Mittagszeit einfinden. Für Franziskus ist der Ehrenplatz an der Seite des Gastgebers bereit. Doch in der Gesellschaft der edlen Herren und Exzellenzen scheint der kleine Bruder sich nicht ganz wohl zu fühlen. Jedenfalls entschuldigt er sich für eine kurze Zeit, steigt hinunter in die Gasse und setzt sich unter die Bettler, die vor der Tür des Kardinals Speisereste für ihr Mittagsmahl erbitten. Wie sich auch in Franziskus' Holznapf Brotrinden und Gemüsereste sammeln, kehrt er in Hugos Runde zurück, teilt jedem Gast etwas von den Gaben zu und nimmt dann wieder Platz. Nach dem Mahl nimmt der Kirchenfürst den Poverello zur Seite, umarmt ihn und fragt ihn peinlich berührt, warum er ihn mit diesem Verhalten denn so bloßgestellt habe. „Habe ich Euch nicht geehrt" – so Franziskus' Antwort –, „indem ich einen größeren Herrn ehrte? Gott selbst liebt die Armut, und ich will meinem Herrn folgen, der seinen Reichtum aufgab und unseretwegen arm geworden ist" (vgl. 2 C, FQ 342; LM, FQ 730; Per, FQ 1174–1176; SP, FQ 1240–1242).

Armut, wie Franziskus sie auf den Spuren Jesu lieb gewinnt, hat eine verbindende Kraft. Der Reichtum des Hugo von Ostia trennt. Phantasievoll und befreiend überwindet der Poverello die Kluft zwischen der reichen Tafel des Kardinals und den Bettlern vor seiner Türe – und erinnert die reiche Kirche zugleich mutig ans Evangelium.

Geschichte im Dialog mit heute

Der Skandal um den Limburger „Protzbischof", Franz-Peter Tebartz-van Elst, der in Deutschland über Monate für Negativschlagzeilen und in ganz Europa für Aufsehen sorgte, steht als Spitze des Eisbergs klerikalen Karriere- und Luxusdenkens. Wie reagiere ich selbst auf solche Auswüchse? Wo erlebe ich Kirche, ihre Amtsträger und ihre Engagierten solidarisch?

Franziskus lässt sich nicht irremachen: Er nutzt seine Möglichkeiten kreativ, um sozial Blinden die Augen zu öffnen. Und er lässt sich sensibel von seinen eigenen Werten leiten. Wo habe ich selbst Schritte einer „Karriere nach unten" schon als befreiend und verbindend erlebt?

Der Poverello verzichtet auf Negativkritik. Medien nehmen diese Aufgabe oft zu Recht wahr und machen die Missbräuche aller Art öffentlich zum Thema. Wozu ermutigt mich das Beispiel des Franziskus konstruktiv: im Umgang mit Karrieristen, mit ärgerlichem Luxus und mit Menschen, die sich in Kirche und Gesellschaft über andere erheben?

„Das Evangelium weggeben" – Von der Kraft gelebten Glaubens

Das Gespür des Poverello für die Nöte der Menschen und seine Bereitschaft, Armut mit allen verfügbaren Mitteln zu bekämpfen, bringen bisweilen auch seine eigene Bruderschaft in Verlegenheit. Im Sommer oder Herbst 1220 ereignet sich die folgende Episode in der Portiunkula, dem Zentrum der Wanderbrüder. Franziskus hat am Pfingsttreffen der Brüder die Leitung des jungen Ordens in die Hände eines versierten Juristen gelegt. Bruder Pietro Cattani soll die schnell wachsende Gemeinschaft, die inzwischen schon zwischen 3000 und 5000 Brüder an das Pfingstkapitel entsendet und sich vom Atlantik bis Syrien verbreitet, organisieren. Das charismatische Vorbild der Brüder und ihr juristischer Leiter sind denn auch die beiden Akteure in einer berührenden Begegnung:

„Als Franziskus ein andermal bei der Kirche Santa Maria von der Portiuncola weilte, kam eine alte und arme Frau, die zwei Söhne in der Brüdergemeinschaft hatte, zu jenem Ort. Sie bat den seligen Franziskus um ein Almosen, da ihr in jenem Jahr jeder Lebensunterhalt genommen war. Franziskus sagte zu Bruder Pietro Cattani, der damals Generalminister war: ‚Können wir unserer Mutter etwas geben?‘ Er pflegte nämlich die Mutter eines Bruders seine Mutter und die Mutter aller anderen Brüder des Ordens zu nennen. Bruder Pietro antwortete ihm: ‚… sie bräuchte eine beträchtliche Gabe, um davon leben zu können. Wir haben da nur das Neue Testament in der Kirche, aus dem wir unsere Morgenlesungen nehmen.‘ Die Brüder verfügten damals noch nicht über Breviere und hatten nur wenige Psalterien. Franziskus fuhr fort: ‚Dann gib unserer Mutter das Neue Testament. Sie soll es verkaufen und mit dem Erlös ihrer Not abhelfen. Ich glaube fest, dass dieses Tun unserem Herrn und seiner seligen Jungfrau Maria mehr gefällt, als wenn wir aus dem Buch lesen.‘ Und so schenkte Pietro es der Frau“ (vgl. Per 93, FQ 1170–1171).

Die Textsammlung von Perugia erinnert an diese Geschichte zu einer Zeit, als der Orden bereits in städtischen Konventen wohnt und zur tragenden Kraft der urbanen Seelsorge avanciert. Dass der offizielle Biograf Thomas von Celano die Episode um 1246 in sein „Memoriale“ aufnimmt, das eine zweite Generation von Franziskanern formen soll, unterstreicht ihre prophetische Botschaft (vgl. 2 C 91, FQ 350). Der Orden hat sich inzwischen in den großen Universitätsstädten Bologna, Paris, Oxford, Cambridge und Salamanca niedergelassen. Er verfügt über große Theologen und baut in den Studienzentren der Provinzen und in jedem Kloster Bibliotheken auf. Die frühen Gefährten wie auch der offizielle Biograf (vgl. 2 C, FQ 191) erinnern eindringlich daran, dass der Glaube gelebt werden will. Im Notfall soll selbst das einzige Evangelium weggegeben werden: Es sei gottgefälliger, Jesu Botschaft zu tun, als sie nur zu kennen, vorzulesen, gelehrt auszulegen und zu feiern.

Die verarmte Mutter zweier Brüder wird „poverella" (*paupercula*) genannt. Franziskus benutzt den Titel „klein und arm" sowohl für sich selbst wie auch für Klaras Schwestern (vgl. MahnKl, FQ 64) und für die Mutter Jesu, deren Not in Betlehem er 1223 auch in der bewegenden Krippenfeier von Greccio vor Augen führt (vgl. 1 C 84, FQ 249–251). Er wünscht sich die Niederlassungen der Brüder ebenfalls „arm und klein", in denen sie als Gäste und „wie Pilger herbergen" (Test 24, FQ 61). Auch Klara nennt sich in ihrem letzten Brief an Agnes Freundin des „armen Christus" *paupercula* (4 Agn, KQ 40). Schwestern wie Brüder dieser Bewegung berühren Menschen in aller Welt, indem sie das Evangelium beherzigen und leben, in sich tragen und in die Tat umsetzen.

Bonaventura wird in den 60er Jahren des 13. Jahrhunderts drei Kennzeichen der Brüder zur bleibenden Verpflichtung machen: Sie sollen die Lebensweise der Apostel (*vita apostolica*) vorbildlich weiterführen, die Heilige Schrift verinnerlichen und sie in der Verkündigung Menschen aller Schichten auslegen (Opera omnia VIII, 337–347). Die entschiedene Orientierung am Evangelium, das vor Ort in die Praxis umgesetzt werden will, wird drei Jahrhunderte später die Reformation kennzeichnen. Hätte der Franziskusorden, der im späten Mittelalter bis zu 40 000 Brüder zählte, das Beispiel seines Gründers breiter und nachhaltiger befolgt, eine Erneuerung der Kirche hätte wohl ohne Reformstau und Kirchenspaltung möglich werden können.

Eine ähnliche Episode wie die der armen Frau in der Portiunkula wird aus der Bauzeit des großen Franziskusklosters und seiner Wallfahrtskirche in Assisi erzählt. Bruder Juniperus, ein überaus origineller Gefährte des Heiligen, provoziert darin Brüder, die in ihrer Freude an schönen Gottesdiensten zu vergessen drohen, dass Menschenliebe auch im Kirchenraum selbst an keine Grenzen stoßen darf: „Frate Ginepro wurde an einem Weihnachtsfest vom Sakristan gebeten, den kostbar geschmückten Altar der Klosterkirche zu bewachen, während jener essen ging. Da kam eine arme kleine Frau und bat ihn um ein Almosen. Ginepro schaute sich um und erblickte wertvolle Silberglöcklein im Altarschmuck. Er schnitt jene mit einem Messer weg und gab sie der Frau aus Mitleid. Als der Sakristan nach dem Essen den Verlust bemerkte, rannte er durch Assisi, um die Frau zu finden und die Glöcklein zurückzuholen. Da er sie nicht fand, wandte er sich an den Generalminister und klagte Ginepro bei ihm an. Dieser stellte den Fehlbaren vor den versammelten Brüdern zur Rede und schrie ihn derart an, dass seine Stimme heiser wurde. Der Getadelte begab sich darauf in die Stadt und sammelte mühsam Zutaten für einen Brei, der Hals und Brust wieder zu öffnen versprach. Als die Hausmedizin endlich bereit und reif war, war es schon Nacht. Ginepro aber weckte den Generalminister auf und bat ihn zum Wohle seiner Stimme zu essen. Als diesen erneut die Wut packte, gab Ginepro ihm die Kerze in die Hand, auf dass er selber, seit vielen Stunden hungrig, den Brei essen könnte. Angesichts von so viel Liebe wich die Wut des Vorgesetzten auf der Stelle und sie aßen den sorgsam zubereiteten Brei gemeinsam" (Vita di frate Ginepro 5 – zusammengefasst von N. K.).[15]

Die ersten Gefährten haben keine Probleme mit dem Bau der Franziskuskirche, die nach dem Tod des Gründers 1228–1253 in Rekordzeit errichtet wird, sondern einzig mit der Finanzbeschaffung. Die wenig bekannte Geschichte über Bruder Juniperus erinnert allerdings daran, dass gelebte Zuwendung über liturgischer Schönheit steht und dass Gott sich wohl mehr über praktische Nächstenliebe als über geschmückte Altäre freut.

Geschichte im Dialog mit heute

Bürgerliches Leben und kirchliche Gottesdienste übersehen auch heute vielerorts selbstgefällig das soziale Gefälle und die Nöte der Menschen in der eigenen Umgebung. Jede und jeder, der den Glauben ernst nimmt, wird am Ende weder an seinem Wissen noch an seiner Spiritualität gemessen, sondern am konkreten Handeln und an den Taten der Nächstenliebe (Mt 25).

Mutter Teresa von Kalkutta antwortete auf die Frage, wohin man ihr am besten Spendengeld überweisen soll: „Ihr helft mir am besten, wenn ihr die Menschen wahrnehmt, die unerwünscht und ungeliebt in eurer eigenen Stadt leben, in eurer Straße, in eurem Haus."

Wo begegnen mir heute offensichtliche Formen und wo verborgene Arten menschlicher Not: im eigenen Alltag, in meinen Begegnungen und in meinem Beziehungsnetz? Und wo begegnet mir Bedürftigkeit in den Medien und Nachrichtensendungen? Wie gelingt es mir, Betroffenheit in konkrete Zeichen der Solidarität umzusetzen, und seien diese noch so schlicht?

„Es wäre nicht die wahre Freude" – Erfolg in Kirche und Gesellschaft

Noch sind die Minderbrüder kein Seelsorgeorden. Sie wandern von Stadt zu Stadt und von Eremitage zu Eremitage. Und noch haben sie keine offizielle Anerkennung in der Römischen Kirche. Elf Jahre sind seit der ersten Begegnung mit Innozenz III. vergangen, als Franziskus sich im Herbst 1220 an die Redaktion der Ordensregel macht. Das damals in Rom vorgestellte Lebensprojekt (*propositum*) ist von Pfingsttreffen zu Pfingsttreffen mit praktischen Regelungen erweitert worden, welche die Brüder im Auswerten ihrer Erfahrungen getroffen haben. Nun macht sich der Poverello zusammen mit dem Juristen Pietro Cattani und dem Bibliker Cäsar von Speyer an das Ausarbeiten der definitiven Regel. Zahlreiche Bibelzitate verdeutlichen, dass das Evangelium die eigentliche Regel bleibt. Innige Gebete, kurze Meditationen und eine Musterpredigt für alle Brüder machen das Dokument zu einem tief spirituellen Text. Dieser erscheint den Juristen der Kirche aber zu wenig griffig, um damit einen Weltorden effizient zu leiten. Die an Pfingsten 1221 von den versammelten Brüdern verabschiedete Regelversion geht deshalb als „nichtbullierte“, also nicht päpstlich bestätigte Regel in die Geschichte des Ordens ein.

Daneben erleidet Franziskus auch andere Rückschläge: Er hat aus Ägypten Krankheiten mitgebracht, die ihn neben einem Milz- und Leberleiden nun auch mit Malaria und einer schmerzhaften Augenkrankheit (Trachom) belasten. Am 10. März 1221 ist sein Nachfolger in der Ordensleitung überraschend gestorben. Franziskus ist am Pfingstkapitel derart geschwächt, dass Elias als Generalvikar für ihn spricht. In den folgenden Monaten zieht er sich in Eremitagen zurück und gerät dort in eine tiefe Krise. Die Versuchung des Heiligen, für immer Einsiedler zu werden, dürfte in diese Zeit zwischen Sommer 1221 und Frühjahr 1222 fallen. Er fühlt sich von den verantwortlichen Brüdern übergangen, sieht den Orden die falschen Weichen stellen und hadert existenziell mit seiner eigenen Rolle. Das Leiden verschärft sich dadurch, dass offenbar auch der Himmel schweigt. Jedenfalls sendet Franziskus vom heiligen Berg Monteluco ob Spoleto aus seinen Gefährten Masseo nach Assisi. Er soll Klaras Gemeinschaft und Frate Silvestro im Eremo delle Carceri den Willen Gottes erkunden lassen: ob er nun wirklich Eremit werden oder seine Wanderpredigt weiterführen soll (vgl. Fior 16, FQ 1371–1372).

In diese Zeit dürfte die ebenso berühmte wie oft missdeutete Erzählung fallen, die Franziskus „über die wahre Freude“ diktiert. Sie spiegelt den Erfolg eines Ordens, der in der Universitätsstadt Paris erfolgreich und gesellschaftlich bedeutsam wird. Zugleich tritt der Gründer mehr und mehr in den Schatten:

Bruder Leonhard berichtete, dass Franziskus eines Tages bei Santa Maria Bruder Leo rief und sagte: „Bruder

Leo, schreibe!" Der Gefährte antwortete: „Sieh, ich bin bereit!" – „Schreibe", sagte er, „was die wahre Freude ist. Es kommt ein Bote und sagt, dass alle Gelehrten der Universität Paris zum Orden gekommen sind. Schreibe: Das ist nicht die wahre Freude. Ebenso, alle Prälaten jenseits der Alpen, die Erzbischöfe und Bischöfe; ebenso der König von Frankreich und der König von England. Schreibe: Das ist nicht die wahre Freude. Ebenso, dass meine Brüder zu den Ungläubigen gegangen sind und sie alle zum Glauben bekehrt haben; ebenso, dass Gott mir gegeben hat, Kranke zu heilen und viele Wunder zu wirken. Ich sage dir, dass in all dem nicht die wahre Freude ist". – Leo unterbrach ihn: „Was aber ist die wahre Freude?" – „Ich kehre von Perugia zurück, und in tiefer Nacht komme ich hierher, und es ist Winterszeit, schmutzig und so kalt, dass die Wassertropfen am Saum der Kutte gefrieren und die Schienbeine blutig scheuern. Und völlig in Schmutz und Kälte und Eis komme ich zur Pforte, und nachdem ich lange geklopft und gerufen habe, kommt ein Bruder und fragt: Wer ist da? Ich antworte: Bruder Franziskus. Und er sagt: Geh fort! Um diese Zeit strolcht man nicht durch die Gegend. Hier kommst du nicht herein. Und auf weiteres Drängen antwortet er: Geh weg! Du bist ein einfältiger und ungebildeter Mensch. Du kommst auf keinen Fall zu uns. Wir sind so viele und von solcher Art, dass wir dich nicht brauchen. Und ich stehe immer noch an der Pforte und sage: Um der Liebe Gottes willen, nehmt mich auf in dieser Nacht. Und jener antwortet: Das werde ich nicht tun. Geh zum Hospital der Kreuzträger und bitte dort! Ich sage dir: Wenn ich Geduld habe und die Fassung nicht verliere, dass darin die wahre Freude ist und echte Tugend und das Heil der Seele" (WFreud, FQ 56f).

Anders als die masochistische Version, mit welcher die Fioretti viele Jahrzehnte später dieses Diktat entstellen werden, lehrt Franziskus nicht, üble Behandlung wortlos oder sogar „gerne" einzustecken (vgl. Fior 8, FQ 1359–1361). Die Pointe ist feinsinniger, anspruchsvoller und sehr viel weiser: Glücklich, wer auch unter misslichsten physischen und psychischen Bedingungen seinen inneren Frieden nicht verliert, sich nicht fremdbestimmen lässt vom Verhalten anderer, nicht zu aggressiven Reaktionen verleitet wird – und wer handlungsfähig bleibt. Die Geschichte bleibt bewusst offen. Sie sagt nicht, wie Franziskus mit dem Pförtner umgeht. Und sie illustriert, was die Menschenstrophe des Sonnengesangs besingt: Unter allen Geschöpfen bringt der Mensch die schönste Stimme ins Schöpfungslied ein, wenn er die Kraft göttlicher Liebe sichtbar macht und sich in allem am Beispiel Jesu orientiert. „Sei gepriesen, mein Gott, für jene", dichtet Franziskus, „die in der Kraft deiner Liebe … Krankheit und seelischen Stress aushalten. Selig, wer den Frieden bewahrt …" (Sonn, FQ 40–41, übers. N.K.). Noch deutlicher spricht eine Ermahnung, welche Jesu Seligpreisung der Gewaltlosen als Töchter und Söhne Gottes auslegt: „In Wahrheit friedfertig sind jene, die bei allem, was sie in dieser Welt erleiden, kraft der Liebe unseres Herrn Jesus Christus in Geist und Leib den Frieden bewahren" (vgl. Erm 15, FQ 51).

Geschichte im Dialog mit heute

Kennen Sie die Erfahrung, dass der Himmel schweigt? Wie gehen Sie damit um? Gibt es für Sie Orte und Menschen, auf deren Gebet und Rat Sie dann bauen können?

Was sind sichtbare Erfolge, von denen ich träume, für die ich arbeite und an denen ich mich zu Recht freue? Welche stillen Erfolge wünsche ich mir in meinem eigenen Reifen und in der Arbeit an mir selbst?

Den inneren Frieden nicht verlieren und handlungsfähig bleiben! Was hilft mir, in Konflikten „an Leib und Seele den Frieden zu bewahren"? Was hilft mir, bei allem, was mir im Alltag zugemutet wird, mit der Zunge Frieden zu bewahren, in meinem Denken nicht aggressiv zu werden, in meinem Herzen nichts Böses zu wünschen, in meiner Seele nicht außer mich zu geraten?

„Bis an die Grenzen der Erde" – Die Sendung der Apostel gilt allen

Die Friedenssendung der Apostel lehrt nicht nur, verschmähten Frieden zu sich selbst zurückkehren zu lassen (Mt 10,12–13), sondern das Evangelium „allen Menschen" (Mt 28,19) und „bis an die Grenzen der Erde" (Apg 1,8) zu verkünden. Nachdem Franziskus seine eremitische Sehnsucht überwunden hat, nimmt er seine Wandermission mit neuer Leidenschaft wieder auf. Im Sommer 1222 predigt er zum Fest von Marias Aufnahme in den Himmel vor Tausenden mitten in Bologna. Über die stillen Wintermonate erarbeitet er in verschiedenen Einsiedeleien, unter ihnen Fontecolombo, mit den Brüdern Leo und Bonizzo eine straffere Regelfassung. Diese wird am Pfingstkapitel 1223 verabschiedet und von der Römischen Kirche im November darauf offiziell bestätigt.[16] Es ist die erste Regel eines Ordens, die ausdrücklich auch die Mission zum Programm erhebt. Eine Mission allerdings, die Brüder unter Andersgläubigen leben, ihnen dienstbar sein und durch ihr Tun sprechen lässt.

Je mehr seine Krankheiten und zunehmende Erblindung Franziskus in seiner Bewegungsfreiheit einschränken, desto kreativere Formen findet er, um sich an alle Menschen zu wenden. Die Regelversion von 1221 lehrt die Brüder ein Gebet, das „alle Menschen weltweit" zum gemeinsamen Gotteslob aufruft. Franziskus lässt in der Vorstellung eine Prozession entstehen, welche die Grenzen der Kirchen weit übersteigt und die ganze Menschheit in der Liebe des einen Gottes vereint:

„Alle, die in der heiligen, katholischen und apostolischen Kirche / Gott dem Herrn dienen wollen, / und alle kirchlichen Stände: die Priester, Diakone, Subdiakone … und alle Kleriker, alle Ordensmänner und alle Ordensfrauen überall; / alle Kinder und Kleinen, / die Armen und Notleidenden, / die Könige und Fürsten, / die Arbeiter und Bauern, / die Knechte und Herren, / alle Jungfrauen, die enthaltsamen und verheirateten Frauen, / die Laien, Männer und Frauen, / alle Kleinkinder, Heranwachsenden, Jugendlichen und Greise, / Gesunde und Kranke, / alle Kleinen und Großen / und alle Völker, Geschlechter, Stämme und Sprachen, / alle Nationen und alle Menschen, wo auch immer auf Erden, / die sind und sein werden, / bitten wir Brüder alle … demütig und flehen sie an, / wir möchten doch alle im wahren Glauben und in der Umkehr ausharren; / denn anders kann niemand gerettet werden. / Lasst uns alle aus ganzem Herzen, aus ganzer Seele, aus ganzer Gesinnung, aus aller Kraft und Stärke, / mit ganzem Verstand, mit allen Kräften, / mit ganzer Anstrengung, mit ganzer Zuneigung, mit unserem ganzen Inneren, / mit allen Wünschen und aller Willenskraft / Gott den Herrn lieben, / der uns allen den ganzen Leib, die ganze Seele und das ganze Leben / geschenkt hat und schenkt; / der uns erschaffen hat, erlöst hat und uns einzig durch sein Erbarmen retten wird, / der uns … alles Gute erwiesen hat und erweist" (NbR 23, FQ 91 f).

Auch Rundbriefe dienen dieser universalen Hoffnungsbotschaft. Franziskus bittet seine Brüder, diese abzuschreiben und in alle Welt zu tragen. Kein Papst und kein Kaiser haben sich im hohen Mittelalter „brüderlich" an alle Menschen gewandt. In einem „Brief an die Lenker der Völker" wünscht der Poverello „allen Bürgermeistern und Konsuln, Richtern und Statthaltern auf der ganzen Welt" zunächst „Lebensfülle und Frieden" – Gaben Gottes, die jedem Menschen auf Erden verheißen sind. Er bittet sie dann, bei allen alltäglichen Sorgen und allen Geschäften, die sie beanspruchen, nicht die Mitte zu verlieren und Gott zu vergessen: „Lasst Gottes Gegenwart in Eurem Volk täglich bewusst werden, indem ihr jeden Abend durch ein Zeichen alle aufruft, Gott dem Allerhöchsten Lob und Dank zu bringen!" (vgl. Lenk, FQ 136 f).

Der Orden erreicht unterdessen tatsächlich die damals bekannten „Grenzen der Erde": Auf der iberischen Halbinsel beziehen Brüder erste Niederlassungen in Portugal. Im Spätsommer 1224 setzen die ersten elf Brüder über den Ärmelkanal, finden schnell Sympathie in England und breiten sich als neuer Modeorden auf den Britischen Inseln aus. In Deutschland hat das Provinzkapitel in Speyer ein Jahr zuvor bereits vier eigenständige Ordensbezirke geschaffen, die Elsässer, fränkische, rheinische und sächsische Kustodie. Im Herbst 1224 gelangen die ersten Brüder von Norden her nach Thüringen und gewinnen die Liebe der Landgräfin Elisabeth. Im folgenden Winter zieht

Franziskus ein letztes Mal predigend durch Mittelitalien, bevor ihn sein Augenleiden im Frühjahr 1225 lange Zeit blind bei San Damiano festsetzt.

Geschichte im Dialog mit heute

Franziskus denkt, hofft und handelt mit einer weltweiten Perspektive. Wohin reichen meine eigenen Horizonte? Wie lasse ich mich vom Weltgeschehen berühren und bewegen? Was nährt meine Hoffnung, dass Europa als Haus und die Welt als großes Dorf zusammenwachsen?

Franziskus rät allen, *„zu denen sein Rundbrief gelangt"*, sich im Alltag Orte und Zeiten zu schaffen, die mitten in den Geschäften zur Mitte führen – der Mitte der Welt und des eigenen Lebens. Was hilft mir selbst, auch in vielen Beanspruchungen und in Stress aus dieser Mitte zu leben?

Franziskus hofft für alle Völker und Religionen der Welt. Gibt es Menschen, die aus meiner Hoffnung fallen?

„Lobgesang aller Geschöpfe" – Universale Geschwisterlichkeit

Die Sendung der Apostel gilt nicht nur allen Menschen, sondern *„allen Geschöpfen"* (Mk 16,15). Paulus nimmt den universalen Auftrag Jesu auf, wenn er im Römerbrief schreibt, „die ganze Schöpfung wartet sehnlich darauf", dass wir Menschen uns „als Söhne und Töchter Gottes erweisen" (Röm 8,19). Franziskus hat seit seiner Enterbung auf eigene Häuser und das Leben in der Stadt verzichtet, um draußen vor den Toren mit der Natur vertraut zu werden und in einer geschaffenen Welt ohne Grenzen sein neues Zuhause zu finden. Als Wanderbruder werden die Lerchen seine liebsten Geschöpfe, weil sie in erdfarbenem Kleid anspruchslos leben, sich frei bewegen und überall mit ihren Liedern Gott preisen (vgl. Per 14, FQ 1103 f). In stillen Fastenzeiten, die Franziskus auf einem einsamen Berg oder einer Insel verbringt, freundet er sich mit Falken und Hasen an (vgl. 2 C 168, FQ 391 und 1 C 60, FQ 236). Sein Mitgefühl mit Tieren erspart einem Fisch, einem Lamm und einem Fasan den Weg in den Kochtopf (vgl. 1 C 61, FQ 236; 1 C 77–79, FQ 245–247; 2 C 170, FQ 392). Und sein Aufruf, den Schöpfer zu preisen und Gott zu suchen, richtet sich nicht nur an Menschen in- und außerhalb der Kirche, sondern an alle Geschöpfe, von der „Schwester Grille" auf der Erde (vgl. 2 C 171, FQ 392 f) bis zu den Vögeln des Himmels (vgl. 1 C 58–59, FQ 234 f). Der erste Biograf des Heiligen zeigt auf, dass Franziskus fern jeder Naturromantik letztlich mit dem Blick eines Naturmystikers Erde und Himmel eng verbunden sieht:

„Dieser glückliche Wanderer hatte seine Freude an den Dingen, die in der Welt sind, und nicht einmal wenig … Die Welt war ihm ein klarer Spiegel von Gottes Güte. In jedem Kunstwerk lobte Franziskus den Künstler; was er in der geschaffenen Welt fand, führte er zurück auf den Schöpfer … Durch das, was sich seinem Auge an Lieblichem bot, schaute er hindurch auf den Leben spendenden Urgrund der Dinge. Er erkannte im Schönen den Schönsten selbst; alles Gute rief ihm zu: ‚Der uns erschaffen, ist der Beste!' Auf den Spuren, die den Dingen eingeprägt sind, folgte er überall dem Geliebten nach" (vgl. 2 C 165, FQ 389).

Der Sonnengesang, von der ältesten Textfassung zutreffender „Loblied der Geschöpfe" (*laudes creaturarum)* genannt, wird zum feinsinnigen Credo auf eine Schöpfungsfamilie, die kein Wesen ausschließt. Franziskus dichtet seine berühmteste Komposition im Frühling 1225, nach fünfzig Tagen tiefer innerer und äußerer Dunkelheit. Seine kranken Augen ertragen nicht einmal den Schein einer Kerze, so dass er abgeschottet in einer lichtlosen Hütte bei San Damiano gepflegt wird. Hier bereitet sich der Kranke auf eine Augenoperation vor, zu der ihn Bruder Elias nach Rieti an den Hof des Papstes sendet. Franziskus wartet lange Wochen und Monate am Ort seiner ersten Gotteserfahrung, bis die Wege des Apennins im Frühling wieder passierbar und er selbst reisetauglich wird.

In San Damiano leben Schwestern und Brüder, die Gott gemeinsam preisen. Biografische Erinnerungen in einer späteren Vision Klaras lassen vermuten, dass auch sie sich um den leidenden Bruder kümmert (vgl. ProKl III 29, KQ 141). Der Poverello erfährt nach langem Leiden die Zuwendung Gottes derart neu und überwältigend, dass er – innerlich befreit und äußerlich noch immer blind – mit dem Schöpfungslied eine Perle der Weltliteratur dichtet. Nach dem Aufgesang, der Gott als „Höchsten, Allmächtigen und Guten" preist, werden drei Arten von Geschöpfen „am Himmel" und die vier Urelemente der irdischen Welt besungen. Dabei verbinden sich das Taggestirn „frate sole" mit den Nachtgestirnen „sora luna" und „Sternen", „Bruder Wind" mit „Schwester Wasser" und „Bruder Feuer" mit „Schwester Mutter Erde". Die Siebenzahl steht für die heilige Ganzheit von Gottes Schöpfung: Die irdische Welt der Menschen und die himmlische Welt verbinden sich untrennbar, so dass niemand Gott findet, der die Welt verachtet, und keiner seelisch frei wird, der das Leibliche gering schätzt. Mit den später hinzugefügten Strophen auf den liebenden Menschen und „Schwester Tod“ erhält die Endversion des Liedes 33 Verse: Sie erinnern an die Lebensjahre Jesu auf Erden und daran, dass der Gottessohn selbst „mit Leib und Seele“ in dieser Welt gelebt hat. Er ist es denn auch, der die Türe dieses Lebenshauses auf die neue und ewige Schöpfung hin geöffnet hat. Der Tod, den das hohe Mittelalter auch in den romanischen Sprachen männlich, gewalttätig und als grausames Verhängnis darstellt, wird dadurch zur Schwester und zur Gefährtin, die den Weg aus der vergänglichen Welt in Gottes ewiges Licht kennt (vgl. Sonn, FQ 40–41).

Geschichte im Dialog mit heute

„Selbst die vernunftlosen Geschöpfe erkannten die herzliche Zuneigung, die der Heilige gegen sie hegte, und spürten seine zärtliche Liebe" (vgl. 1 C 59, FQ 235). Seit der Aufklärung trennt das abendländische Denken die Welt mit all ihren Wesen als „Objekte" vom „Subjekt" des Menschen, der nach Belieben über die Erde, Pflanzen und Tiere verfügen kann. Die Ökokrise der Gegenwart mit dem globalen Treibhauseffekt, der Verschmutzung von Luft, Böden, Gewässern und Weltmeeren, einem dramatischen Artensterben in Flora und Fauna, der Zerstörung weiter Lebensräume und dem Leiden der Kreatur in Tierfabriken ruft zu einem neuen Sinn für die Ganzheit der Schöpfung: zu neuer Ehrfurcht vor jedem Leben, zu achtsamem Umgang mit der Erde, ihren Wesen und Ressourcen, zum sorgsamen Teilen des Schöpfungshauses mit den anderen Lebewesen.

Der Sonnengesang preist Gott in seiner geschaffenen Welt und „mit allen Geschöpfen". Wo wird die Natur für mich selbst durchsichtig auf ihren Schöpfer hin? Wann berührt mich das tiefere Geheimnis, das in, hinter und über dieser Welt steht, persönlich?

„Willkommen, Schwester Tod" – Vom Pilgerleben ans Ziel

Während Franziskus immer universaler denkt, sich in Briefen an alle Menschen richtet und im Sonnengesang alle Geschöpfe ins Gotteslob einbezieht, wird seine physische Bewegungsfreiheit eng und enger. Im September 1224 hat ihm eine mystische Erfahrung auf seinem liebsten Berg La Verna, der unweit der Tiberquellen liegt, die Wundmale Jesu eingeprägt. Seither reist er auf einem Esel durch Mittelitalien. Im Frühling 1225 kommt es nach dem längeren Aufenthalt in San Damiano zur Augenoperation im Rietital. Tabald der Sarazene, ein islamischer Arzt am Hofe des Papstes, versengt die Schläfen des Erblindenden mit einem glühendem Eisen. Der grausame Eingriff in der Eremitage Fontecolombo verschlimmert das Leiden jedoch weiter, und Franziskus erholt sich über den Sommer nur langsam. Die heißen Monate verbringt er pflegebedürftig in den Wäldern der „heiligen Höhle" Sant'Urbano im Hinterland von Narni. Im alten Klösterchen leben Brüder heute neu nach der Zusatzregel für Eremitagen (REins, FQ 103f).

Erstmals seit Entstehen des Ordens bleibt Franziskus dem Pfingstkapitel fern, und dies wird krankheitsbedingt auch das nächste Jahr so sein. Der Orden lernt, seinen Weg ohne den charismatischen Gründer zu finden. Monate zuvor hat Franziskus mit einem Brief an Antonius die Einführung von Ordensstudien unterstützt (vgl. Ant, FQ 108), was die Brüder für eine qualifizierte Predigt und Seelsorge in den Städten rüstet. Die beiden Fastenzeiten vom Martinsfest bis Weihnachten 1225 scheint der Heilige wieder in Greccio zu sein, wo sich inzwischen eine Brüdergemeinschaft stabil eingerichtet hat und Franziskus viel kontemplativen Freiraum in seiner Felshöhle gewährt. Da dürfte denn auch das prophetische Zeichen geschehen sein, mit dem der Heilige als Pilger verkleidet die Brüder an Weihnachten mahnt, in Stil und Aufwand des Feierns Arme an ihrer Türe nicht auszuschließen (vgl. Per 74, FQ 1148f).

Im Frühjahr ruft Bruder Elias den Poverello in die Toskana, damit er sich dort einer weiteren Behandlung seiner Augen unterziehen möge. Er verbringt April und Mai in Siena, erleidet einen Blutsturz und diktiert auf Bitten der Gefährten ein kurzes Testament: Er segnet darin alle Brüder und bittet sie innig, „sich immer gegenseitig zu lieben, die Armut Jesu zu lieben" und „allen Klerikern der heiligen Mutter Kirche treu und untergeben zu sein" (TestS, FQ 58). Noch immer wütet in Frankreich der blutige Kreuzzug gegen Katharer und Waldenser, und Franziskus fürchtet offenbar, dass bei der radikal evangelischen Ausrichtung seiner Bewegung auch eigene Brüder zu verbaler Kirchenkritik schreiten könnten. Tatsächlich wird ab 1230 ein Konflikt zwischen Weltklerus und Franziskanern sichtbar, die durch ihr Beispiel und ihre Predigt in der Sympathie der Menschen derart aufsteigen, dass Pfarrer und Bischöfe den Orden aus der Seelsorge drängen wollen. Der Papst erklärt die Minderbrüder wie die Dominikaner für exemt und unterstellt sie damit direkt Rom. Sie werden fortan zusammen mit dem Predigerorden geschützt, pastoral gefördert und privilegiert.

Franziskus hat wohl nicht mehr erfahren, dass ein päpstliches Schreiben im Frühjahr 1226 Dominikanern und Franziskanern als Missionare in Marokko Sondervollmachten verleiht und erlaubt, Brüder zu Bischöfen zu weihen. Der bedrohlich geschwächte Heilige wird im Frühsommer nach Celle di Cortona gebracht, verbringt den heißen Sommer hinter dem Berg von Assisi in Bagnara und wird Anfang September in seine Heimatstadt verlegt, wo er sterbenskrank in der Bischofsresidenz gepflegt wird. Als Bischof Guido II. sich auf Wallfahrt zur Michaelshöhle auf dem Gargano in Süditalien begibt, setzt Franziskus seinen Transport zur Portiunkula durch: Am Ursprungsort seiner *fraternitas* will er im Kreis der Brüder nackt auf der nackten Erde sterben. Seine römische Freundin Jacoba dei Sette Sogli, mit der ihn „eine einzigartige Liebe" verbindet (vgl. 3 C 37–39, FQ 438–440), spürt schon Tage zuvor, was der sterbende Poverello sich wünscht, und trifft Ende September mit Leinen, Kerzen und Mandelkuchen in Assisi ein – noch bevor der Brief mit diesen Bitten auf den Weg gehen kann (vgl. Jakoba, FQ 142).

Franziskus feiert mit Brüdern und Freundin ein bewegendes Mahl, das an Jesu Letztes Abendmahl erinnert, und heißt am Abend des 3. Oktober 1226, einem Samstag, „Schwester Tod willkommen" (2 C 217, FQ 417). Der Tod ist für ihn die Gefährtin, die seine Seele weiterbegleiten kann, wo den Brüdern nur sein Leib bleibt. Am folgenden Sonntag überführt die Stadt den Leichnam „als kostbaren Schatz … unter Jubel" nach San Giorgio und bestattet ihn fürs Erste am Ort, wo Franziskus „als Kind den ersten

Unterricht bekommen hat und später zum ersten Mal gepredigt hat“ (LM 15,5, FQ 776–777). Am 16. Juli 1228 spricht Kardinal Hugo, unterdessen als Papst Gregor IX. auf den Petrusstuhl erhoben, seinen „Freund“ Franziskus in Assisi heilig und würdigt den neuen Heiligen der Gesamtkirche in einer feierlichen Bulle (vgl. Bul 9, FQ 1630–1635). Dessen Verehrung sollen auch die offizielle Biografie aus der Feder des Thomas von Celano (1 C, FQ 195–288) und die Grabes- und Wallfahrtskirche dienen, die 1228–1253 errichtet wird und die heute zum Weltkulturerbe der UNESCO gehört.

Geschichte im Dialog mit heute

Franziskus lebt auch als Bruder eine Freundschaft. Deren zärtliche Farben und ganzheitliche Verbundenheit überrascht. Welche Farben bringen Freundschaft in mein Leben als Verheiratete, als Single, Schwester oder Bruder?

Franziskus gestaltet sein Sterben: nicht anonym oder verborgen hinter den Mauern des Bischofs oder eines Spitals, sondern im Kreis seiner Liebsten. Wo habe ich den Abschied Sterbender ermutigend, tröstlich und segensreich erlebt? Und was beschäftigt mich mit Blick auf die Sterbekultur heute?

Franziskus wünschte sich ein einfaches Grab. Ein Stadtführer erklärte vor der prachtvollen Grabeskirche in Assisi, dass hier „Leib und Seele des Heiligen begraben liegen". Wo erlebe ich den Geist des Franziskus heute noch immer lebendig oder neu wirksam?

3. Ausblicke: Franziskus von Rom – Kirchenreform mit vielen

Im März 2013 wird der erste Lateinamerikaner zum Papst gekürt und wählt zur Überraschung aller „Franziskus“ als Name und Programm. Dass sich der Jesuit Jorge Mario Bergoglio als Petrusnachfolger nach Franz von Assisi – und nicht nach Franz Xaver oder Franz von Sales – benennt, weckte Hoffnung, Freude und Begeisterung. Der Befreiungstheologe Leonardo Boff sah einen „neuen Frühling für die Kirche“ anbrechen[17] und Medienkommentare folgten ihm im Laufe des ersten Amtsjahres. Kritisch urteilte der Zürcher Kirchenexperte Michael Meier, der zum ersten Halbjahr des argentinischen Papstes provokativ festhielt: „Der Papst wird nie Franziskus“. Der neue Bischof von Rom prangere zwar das höfische Denken, Karrierismus und Klerikalismus in der Kirche an, kürze die Löhne der Prälaten, streiche Ehrentitel und zeige sich ernsthaft gewillt, die Kurie an Haupt und Gliedern zu reformieren. Wer aber im Vatikan lebe, könne nicht zur Kirche der Armen gehören. Freilich verschiebe der Papst vom Evangelium geleitet den Akzent zu den Menschen am Rande. „Nur wird Bergoglio nie Franziskus werden... Zugleich den Papst und den heiligen Franz repräsentieren, das geht aus Prinzip nicht. Franziskus steht für das Charismatische, Petrus für das Amtliche. Franz von Assisi hat sich als Antipode zum Papsttum gesehen. Er verbot seinen Brüdern, Ämter in der Hierarchie und an der Kurie anzustreben.“

Franz von Assisi beim Wort nehmen hieße, die Schätze im Kirchenstaat den Armen zu verschenken und die Schweizer Gardisten heimzuschicken.[18]

Nun ist Jorge Mario Bergoglio weder Franziskaner noch dazu gewählt, um wie Franz von Assisi zu leben: Das Konklave hat ihn am 13. März 2013 dazu berufen, die römisch-katholische Kirche zu leiten. Dass der neue Papst es mit Bruder Franz vor Augen tut, weckte Hoffnungen, die sich in den zehn Jahren seiner bisherigen Amtszeit vielfältig erfüllt haben. Die Grundhaltungen des Poverello bestärken Franziskus von Rom und ermutigen durch sein Beispiel die ganze römische Kirche zu einer radikalen Orientierung an Christus, neuer „Freude am Evangelium", Vertrauen in die Inspiration jedes Menschen, einer überzeugenden Praxis, Abkehr von Reichtum und Macht, gelebter „Option für die Armen", einer geschwisterlichen Kirche, beherzter Ökumene, offenem Dialog mit Welt- und Naturreligionen, friedenspolitischem Mut und entschiedenen Einsatz für die Schöpfung. Der Ausblick dieses Buches zeichnet holzschnittartig auf, wie der Papst drei spezifisch franziskanische Akzente in die Praxis umsetzt. Wir fragen uns auch, wozu Franziskus von Rom Menschen in allen Lebensformen an der Basis der katholischen Kirche ermutigt. Seine Enzykliken wenden sich an die ganze Menschheit und weiten die Horizonte: Kirchen und Religionen haben ihre Weisheit vereint einzubringen, um das „gemeinsame Haus" des Lebens vor dem ökologischen und sozialen Kollaps zu bewahren und der Menschheit zu einer Solidarität zu verhelfen, die Geschwister ohne Grenzen zu einem globalen Wir vereint.

„Mann der Armut" – beherzt geschwisterlich

Bereits der Auftakt war programmatisch: Wie Franz von Assisi bei seiner öffentlichen Enterbung auf den gemeinsamen Vater im Himmel verwiesen hat, so betet der neue Papst am Wahlabend auf der Segensloggia des Vatikans als Erstes ein Vaterunser. Die versammelten 300 000 Menschen in Rom und die Millionen an den Bildschirmen sollen erkennen, dass kein „heiliger Vater in Rom", sondern „unser Vater im Himmel" im Zentrum des Glaubens steht. Konsequent spricht der Gewählte in seiner ersten Rede dann vom geschwisterlichen Weg, auf den er die ganze Kirche einlädt. Franz von Assisi ermutigt seine Brüder, wie „Pilger und Gäste auf Erden" an ihren Lebensorten zu „herbergen" (FQ 61). Überraschend entscheidet sich der neue Papst an jenem Abend, weiterhin im Gästehaus des Vatikans zu wohnen: nicht abgeschottet in der Papstresidenz, sondern inmitten von Gästen, die im Vatikan ein- und ausgehen.

Mit wem der „Weg der Geschwisterlichkeit" – der in der ersten Rede genannte *Cammino della fratellanza* – verbindet, macht Franziskus in den folgenden Wochen klar. In Begegnungen mit Vertretern verschiedener Kirchen betont er die Taufe, die alle Christinnen und Christen ohne Unterschied zu Töchtern und Söhnen Gottes macht. Vor dem Ramadan wünscht er den „islamischen Geschwistern" ein heilsames Fasten: Geschwisterlichkeit verbindet auch mit Menschen anderer Religion. Und sie fordert gesellschaftlich und politisch heraus: Die erste Reise führte an den Rand Europas und auf die Insel Lampedusa, wo täglich Flüchtlinge eintreffen – viele lebendig und andere tot. Begegnungen mit Gestrandeten lassen seither die

Weltmedien wiederholt menschlichen Dramen ins Gesicht schauen, die von der europäischen Politik verdrängt werden. Immer wieder betont Franziskus eindringlich, dass die Migrationsströme nicht „Fälle" an Grenzzäune aller Art spülen, sondern „Geschwister auf der Suche nach einer sicheren Zukunft". Bereits bei seinem ersten Besuch in Assisi provozierte der Papst die Stadt und selbst die Franziskaner. Er verzichtete darauf, mit Italiens Regierungschef und Prominenten im berühmten Sacro Convento zu tafeln. Stattdessen aß er mit Randständigen in der Armenmensa: mit Obdachlosen, denen ein Bettelverbot das Leben in der Pilgerstadt schwer macht. Dasselbe tut er jeweils im Dezember an seinem Geburtstag in Rom.

An Weihnachten und Ostern, wenn die Fernsehsender der Welt nach Rom schauen, bringt Franziskus die globalen Krisenherde mit ihren aktuellen Nöten ins Bewusstsein der Völker, viele davon vergessen und aus den täglichen Nachrichtensendungen verschwunden. In Italien selbst besucht Franziskus die Opfer von Müllskandalen und Mafiaterror sowie Menschen in Flüchtlingszentren und Notschlafstellen. In den Mittwochsaudienzen sitzen jene in seiner nächsten Nähe, die meist verborgen werden. Das Bild des von Wucherungen von Kopf bis Fuß entstellten Vinicio Riva, den der Papst wortlos umarmte, ging um die Welt und erinnert an die Aussätzigenbegegnung des jungen Kaufmanns von Assisi. Einen Menschen nicht mehr ansehen bedeute, ihm jedes Ansehen zu nehmen, kommentierte der Papst diese Szene Tage später auf die Frage, ob seine Menschennähe nicht zu viel riskiere.

Im Sommer 2018 projiziert der Film „Ein Mann seines Wortes" von Wim Wenders[19] die soziale Botschaft des Papstes eindrucksvoll auf Kinoleinwände und in Smartphones aller Welt: Der 96-minütige Streifen dokumentiert Begegnungen in Flüchtlingslagern, Gefängnissen, Kinderspitälern, Elendsvierteln und afrikanischen Dörfern, die der deutsche Erfolgsregisseur mit Interviews kombiniert. Handfeste Menschenliebe in Tuchfühlung zu Leidenden, Randständigen und Gescheiterten aller Art erinnert eindringlich an die Praxis Jesu. Die Worte des Papstes, der von Kinoleinwänden direkt zu den Zuschauern spricht, unterstreichen in berührender Schlichtheit die Botschaft seiner Schreiben: Wir alle leben im einen „Haus der Erde", dessen Güter und Ressourcen, gerecht verteilt, allen ein menschenwürdiges Leben ermöglichen würden. Hungernde, Flüchtlinge, Gefangene und Kranke sind nicht nur „Hausgenossen", sondern Lieblingsgeschwister Jesu, mit denen sich der Gottessohn aufs engste verbindet (Mt 25). In der christlichen Religion lässt sich Gottesfreundschaft nicht ohne gelebte Menschlichkeit finden. Bereits der Poverello von Assisi wandte sich um 1224 in Rundbriefen an die gesamte Menschheit und rief Gläubige aller Völker und Religionen „überall auf Erden" dazu auf, diesen menschenliebenden Gott gemeinsam und geschwisterlich zu ehren.

Ein traditionelles Ritual seiner eigenen Kirche provoziert Jahr für Jahr traditionalistische Kreise, gerade weil es eine Geschwisterlichkeit verdeutlicht, die jede Form von Standes- und Klassendenken in Frage stellt: Wuschen Päpste am Hohen Donnerstag in Erinnerung an Jesu Letztes Abendmahl jeweils zwölf Priestern die Füße, wählt Franziskus Jahr für Jahr einen Kreis von Unterprivilegierten für die sprechende Geste aus: im Frühling 2013 kriminelle Jugendliche, 2014 Menschen mit Handicaps, 2015 Obdachlose, 2016 Flüchtlinge und Asylsuchende,

2017 Mafiosi in einem Hochsicherheitsknast und 2018 Delinquenten in einem Römer Stadtgefängnis. Frauen und Männer verschiedener Religion stehen auch in den folgenden Fußwaschungen für den Freundeskreis Jesu, der keine Hierachien kennt – und der auch jedem Klerikalismus eine Absage erteilt.

Das Gespür für die leisen Nöte von Menschen und schreiende Formen von Armut zeichnet den franziskanischen Blick in die Welt aus. Auch kritische Fragen an die Marktwirtschaft verbindet den Papst mit seinem Vorbild. Beide verschließen ihre Augen nicht vor sozialer Not, wirtschaftlichem Unrecht und menschlichem Leiden. Beide antworten auf Armut, indem sie Nöte wahrnehmen, sich von ihnen persönlich berühren lassen, sie öffentlich zum Thema machen und mit ihren Mitteln darauf reagieren. Vorbild ist dabei stets das Beispiel Jesu, der keine Revolution lancierte und kein alternatives Gesellschaftssystem entwarf, der aber einen neuen Blick auf den Menschen lehrte, eine Praxis des Teilens initiierte und von einem Gott sprach, in dessen Welt es weder Grenzen noch Fremde gibt. Franziskus von Rom tut es programmatisch in seinen beiden „franziskanischen Rundschreiben", 2015 mit der Sozial- und Mitweltenzyklika „Laudato si'" und 2020 mit der Enzyklika „Fratelli tutti" an die Menschheit.[20]

Impulse in den eigenen Alltag

Gerade indem der Papst nicht wie Franz von Assisi an den Rand der Gesellschaft wechselt, ermutigt er Menschen in allen Lebensformen, Nöte im eigenen Alltag wach wahrzunehmen: sei es die oft leise Armut jener, die einsam, ungeliebt oder hilflos sind, seien es gesellschaftliche Phänomene der Diskriminierung, Ausgrenzung und Verarmung, die auch die reichsten und fortschrittlichsten Länder Europas kennen.

Es irritiert, dass der Papst sich im Gästehaus, auf Reisen und in Begegnungen täglich unterschiedlichsten Menschen aussetzt. Seine geschwisterliche Offenheit beunruhigt angesichts des verbreiteten bürgerlichen Trends, sich in der eigenen Wohn- und Privatwelt behaglich einzurichten und Störungen aller Art fernzuhalten.

Es ist vernünftig, dass der Papst den Vatikan nicht verkauft und Armut nicht zur Askese verkürzt. Indem er Zeit und Räume teilt, seine Erfahrungen weitergibt und seine Kräfte für Menschen nah und fern einsetzt, unterstreicht er das Grundverständnis franziskanischer Armut: Sie lehrt nicht, möglichst wenig zu haben, sondern möglichst viel zu teilen.

Auch der Papst kann in seinen Begegnungen weder Wunder wirken noch Armut beseitigen. Indem er jedoch mit leeren Händen Menschen in ihrer Trauer, Angst, Hoffnung und Freude umarmt, erinnert er an den größten Reichtum, der jedem Menschen gegeben ist: Offenheit für das Du, Liebe zum Nächsten und Freude am Leben, das Gott selbst allen in Fülle wünscht.

Franziskus versteht eine „arme Kirche" nicht mittellos, sondern solidarisch, nicht monarchisch, sondern menschennah, nicht in Ästhetik gefangen, sondern mit der „Freude des Evangeliums" in den Schmutz der Welt gesandt. Damit ermutigt er Gemeinden und Gemeinschaften weltweit, ihre Binnenwelten zu öffnen und Gottes Nähe im Leben eines jeden Menschen zu finden – selbst in Biografien, die wie eine Katastrophe erscheinen.

„Pontifex" als Friedensstifter – mystisch und politisch

Nach Benedikt XVI., der sich auf dem Parkett der Weltpolitik sichtlich unwohl fühlte und sich nach dem Lehrer monastischer Weltflucht benannte, folgt Franziskus einem Vorbild, das sein Zuhause in der weiten Welt fand und sich sowohl in lokale wie auch in große Konflikte seiner Zeit einmischte. Wie Franz von Assisi nimmt er die Sendung der Apostel ernst, Frieden in Häuser und Städte und bis an die Grenzen der Erde zu tragen. Wie der Bruder aus Assisi versteht der Papst darunter nicht nur den inneren Frieden, sondern ein Ende familiärer, gesellschaftlicher, ethnischer, nationaler und internationaler Fehden. Wie der Poverello verbindet er politische Vermittlungsaktionen untrennbar mit dem Vertrauen ins Gebet und in das Wirken des Heiligen Geistes. Und wie Franz hofft der Papst, dass Menschen verschiedener Religionen sich im Einsatz für den Frieden verbünden und Kraft aus einer gemeinsamen Hoffnungsquelle schöpfen können.

Anders als Franz von Assisi, der als Straßenkünstler auftrat und als bettelarmer Mystiker sprach, setzt Franziskus von Rom sein ganzes institutionelles Gewicht ein: als Leiter der größten Glaubensgemeinschaft, die 1,2 Mrd. Mitglieder zählt, einen Sechstel der Weltbevölkerung umfasst und in den meisten Ländern der Erde präsent ist. Er ist mit seinen über 5000 Kollegen im Bischofsamt vernetzt und verfügt zugleich als Staatsoberhaupt über das ganze Instrumentarium der Diplomatie. Bereits bei seinem ersten Empfang der Botschafter aller Welt deutete Papst Franziskus den traditionellen Titel „Pontifex" politisch: Seine Aufgabe sei es, Brückenbauer zu sein, wo immer Mauern und Gegensätze, Konflikte und Interessenpolitik Menschen, Nationen und ganze Weltgegenden entzweie. Sein Regierungsschreiben „Evangelii gaudium“ spricht auch schonungslos wirtschaftliche Mechanismen und neoliberale Ideologien an, welche ganze Länder und die Weltgemeinschaft zu zerreißen drohen. Die Enzyklika „Laudato si’“ ruft die Menschheit an Pfingsten 2015 eindringlich dazu auf, einen ökologischen und sozialen Kollaps im „gemeinsamen Haus“ dieser Welt zu verhindern. Dazu sind alle Kräfte zu vereinen: Politik und Wirtschaft auf globaler, nationaler und lokaler Ebene, Wissenschaften und Religionen, Technik und Spiritualität, Nationen und NGOs, Klimagipfel, UNO-Entwicklungsprogramme wie auch die Umwelterziehung und Ökopraxis der einzelnen. Das päpstliche Rundschreiben spricht eindringlich ins Vorfeld der UNO-Klimakonferenz von Paris, auf der sich die Staatengemeinschaft im Dezember 2015 überraschend auf eine verbindliche Klimaschutzpolitik einigt.

Auch friedens- und sozialpolitisch gewinnt Franziskus bald weltweit Respekt und Anerkennung bis hinauf zu den Führern der G8. Regierungschefs wie Angela Merkel und Joe Biden, aber auch eine atheistische Politikerin wie Sahra Wagenknecht zitieren den Papst. Barack Obama dankte ihm für die Vermittlungsarbeit der Kirche im Prozess der Annäherung, die nach 50 Jahren Blockade die USA und Kuba 2015–2017 schrittweise aussöhnte.[21] Während seiner Reise ins Heilige Land machte Franziskus durch ein stilles Gebet die neue Mauer zwischen Israel und Palästinensergebiet zur modernen Klagemauer, die ein Land mit zwei Völkern zerreißt. Angesichts der Ohnmacht jahrelanger politischer Friedensbemühungen und wiederholter Militärschläge lud er an Pfingsten 2014 Mahmud Abbas und

Simon Peres zu einem gemeinsamen Friedensgebet in den Vatikan, um mit dem ökumenischen Patriarchen Bartholomaios I. an seiner Seite ein tief berührendes Zeichen zu setzen: Politik allein wird es ohne eine tiefere Kraft und das „Licht aus der Höhe" nicht schaffen „unsere Schritte auf den Weg des Friedens zu lenken" (Lk 1,78–79). Wie oben schon erwähnt, sprach Franziskus am vierten großen Friedensgebet von Assisi nach Europas Terrorsommer im September 2017 den Vertretern aller Religionen aus dem Herzen, als er jede Form von Gewalt im Namen Gottes als gottlos erklärte.

Wie Franz von Assisi und islamische Mystiker lässt sich der Papst dabei von der Überzeugung leiten, dass letztlich alle Menschen Geschwister sind. Indem der Kern der gemeinsam mit Großimam Ahmad al-Tayyeb unterzeichneten christlich-islamische Erklärung von Abu Dhabi „über die Geschwisterlichkeit aller Menschen" in die Enzyklika „Fratelli tutti" einfließt, wird die Teil der offiziellen katholischen Lehre.[22] Die Enzyklika beruft sich auf Franz von Assisi und seine Friedensmission von 1219 in Ägypten: Indem der Bruder aus Assisi Offenheit über Vorurteile stellte und auf Begegnung statt Konfrontation setzte, entdeckte er, wie sehr Religionen einander auf dem je eigenen Weg ermutigen können und womit sie zum Weltfrieden beitragen.

Das Bekenntnis zur Geschwisterlichkeit kennzeichnet auch die Entspannung und die neue Zuversicht, die Franziskus in die Ökumene der Kirchen einbringt. Begegnungen, Besuche und Dialoge mit reformatorischen, orthodoxen und evangelikanen Kirchen knüpfen am Verbindenden an: an der Gemeinschaft mit dem einen Herrn Jesus Christus und an der einen Taufe. Franziskus ermutigt in der

Ökumene vor Ort zu einer beherzten Praxis und unterscheidet sich darin von seinem ängstlichen Vorgänger, der sich von theologischen Differenzen lähmen ließ. Bei seinem Besuch am Sitz des Weltkirchenrates (ÖRK) in Genf vom Sommer 2018 waren in der anschließenden Eucharistiefeier mit der katholischen Schweiz Gläubige jeder Konfession willkommen – und vom Ortsbischof auch zum Kommunionempfang ermutigt. Ein deutlicher Wink von beherzter Ökumene in der pastoralen Praxis im Kontext des Kommunionsstreites, den deutsche Bischöfe gleichzeitig öffentlich austrugen und der viele Gläubige in Mischehen verletzte. Franziskus traut den Praktikern und weist starre Normierungen von seinen der Hierarchie zurück.

Impulse für den eigenen Alltag

Papst Franziskus beklagt die ungleiche Verteilung der Güter dieser Welt und wünscht sich die große Menschheitsfamilie solidarischer. Damit ermutigt er zu einem ökologisch nachhaltigen und umsichtigen Lebensstil im eigenen Alltag.

Franziskus von Rom legt den Schöpfungsauftrag des Menschen auf eine sorgsame Liebe zu allen Wesen hin aus. Damit ermutigt er mit Franz von Assisi, auch Tieren und Pflanzen im gemeinsamen Haus des Lebens geschwisterlich zu begegnen.

Papst Franziskus lässt sich von politischen Geschehen in den Nationen bewegen und herausfordern. Damit ruft er Gläubige auf, an ihrem eigenen Lebensort politische Wachheit zu zeigen und ihre bürgerlichen Möglichkeiten zu nutzen, um aktiv zu einer menschlicheren Gesellschaft und einer friedlicheren Welt beizutragen.

Der Papst bringt sich neben allen anderen Aufgaben auch engagiert in die Weltpolitik ein. Damit ermutigt er Gläubige, sich vom Weltgeschehen betreffen zu lassen und mit den eigenen Mitteln darauf zu reagieren: durch Meinungsäußerungen, Solidaritätsbeiträge in Katastrophen und durch das Beten für Politiker, Kriegsführende oder Notleidende.

Franziskus lässt in der Ökumene ängstliche Abgrenzungen hinter sich und betont Geschwisterlichkeit unter Gläubigen aller Konfessionen. Damit ermutigt er auch die Kirchenbasis zu verbindenden Schritten.

Bruder und nicht Monarch – kollegial und synodal zu Reformen

Im eben erwähnten Kommunionsstreit der deutschen Kirche erregte der *Spiegel* mit einem Interview des Buchautors Marco Marzano erhebliches Aufstehen: Der Soziologieprofessor aus Bergamo lässt sich am Ende des Gesprächs wie folgt zitieren: „Die Kirche sollte endlich mit dieser Reformrhetorik aufhören, dem ewigen Gerede von Innovation und Veränderung – einfach, weil es nicht stimmt. Papst Franziskus ist so konservativ wie seine Vorgänger es waren und seine Nachfolger es vermutlich sein werden." So ermutigend der Papst in konkreten Begegnungen wirke, so enttäuschend sei seine Reformbilanz: „Wenn es darum geht, konkrete Maßnahmen zu ergreifen, die das Leben der Gläubigen verändern, mangelt es dem Papst plötzlich an Lust, an Kraft, am Willen". Ausführlicher begründet findet die Kritik sich im Buch „Franziskus und die verpasste Revolution“[23]. Der Vatikankenner Marco Politi und der österreichische Jesuit Andreas Batlogg ziehen eine ganz andere Zwischenbilanz: Sie sprechen von einer „inklusiven“ Reformpolitik, die möglichst viele Kreise einbezieht, und von einer Strategie, die den kollegialen und synodalen Weg wählt.[24] Kardinal Walter Kasper erinnert neu auch enttäuschten liberalen Kreise in der Kirche in Erinnerung, dass Franziskus Reformen nicht dekretiert, sondern einen „Transformationsprozess“ einleitet, der den „Beginn einer neuen Ära“ darstelle: Der Bischof von Rom sei „kein liberaler, sondern ein radikaler Reformer, der die Kirche von der Wurzel, vom Evangelium her reformieren will“[25].

Tatsächlich zeigt sich auch im Leitungsstil des aktuellen Bischofs von Rom unverkennbar das franziskanische Vorbild. Anders als die späteren Generalobern der Jesuiten verstand Franz von Assisi auch Führung radikal geschwisterlich. Die Brüder suchten in ihren jährlichen Pfingsttreffen den Weg ihrer Bewegung in die Zukunft. Nicht Direktiven von Amtsträgern, sondern die gemeinsame Auswertung von Erfahrungen und das brüderliche Ringen möglichst vieler Mitglieder um zukunftstaugliche Strukturen und Leitlinien sollten eine gesunde Fortentwicklung des jungen Ordens ermöglichen. Der „Generalminister“ der Bruderschaft wurde tatsächlich als „Diener des Ganzen“ verstanden und den Brüdern nicht über-, sondern untergeordnet. Papst Franziskus hat seinerzeit als Provinzial der argentinischen Jesuiten mit straffer Hand regiert – und hütet sich, jenen Stil zu wiederholen. Die franziskanische Art verbietet Machtausübung von oben. Wer von „Papst Franziskus eine Revolution von oben“ erwartet[26], darf diese nicht mit monarchischen Mitteln oder im autokratischen Stil der „Mächtigen der Völker" erwarten. Dagegen steht das Beispiel Jesu (Mk 10,42–45) und die geschwisterliche Nachfolge des Franz von Assisi. Tatsächlich erinnert der synodale Weg des Papstes, der aktuell alle Ortskirchen aktiv einbezieht, an die Generalkapitel der frühen Franziskaner: Erfahrungen und Reformideen aus allen Ländern sollen 2024 in einer großen Bischofssynode in Rom verarbeitet werden, um der Kirche in brennenden Fragen Zukunft zu eröffnen. Erstmals seit Ende des Zweiten Vatikanischen Konzils, so berichten Teilnehmer bisheriger Synoden, sichert der Papst der Versammlung die volle Freiheit des Wortes und wegweisende Kompetenzen zu. Von einer neuen Streitkultur sprechen Bischöfe. In der Vorbereitung der Jugendsynode vom Herbst 2018 wirkten Tausende Jugendlicher über *social media* mit. Papst Franziskus sieht für seine Reformideen wachsende Unterstützung unter den 5000 Bischöfen der Welt.

Franziskus lässt sich neben Synoden und dem Kardinalskollegium, das er primär mit pastoralen Praktikern der jungen Kirchen Asiens, Afrikas, Ozeaniens und Südamerikas erneuert hat, von einem neuartigen Stab beraten: ursprünglich sieben Kardinäle, die aus Nord-, Mittel- und Südamerika, Afrika, Asien, Australien und Europa regelmäßig nach Rom reisen. Sie verfolgen da nicht kurial-römische Interessen, sondern bringen ihre Erdteile in die Zukunftsplanung ein. Gemeinsame und brüderlich umsichtige Leitung kennzeichnet auch die Generalräte der drei Franziskanerorden. In deren Zusammensetzung spiegeln sich heute die Mehrheitsverhältnisse ähnlich wie im Beraterstab des Papstes und im Kardinalskollegium wider: In Orden wie Weltkirche sind Europa und Nordamerika zur Minderheit geworden, und den Weg in die Zukunft bestimmen mehrheitlich jüngere Ortskirchen auf der südlichen Erdhälfte und in Asien.

Impulse für den eigenen Alltag

Papst Franziskus stellt „Barmherzigkeit", den liebevollen Umgang mit jedem Menschen und seiner Situation über „Doktrin und Disziplin". Damit ermutigt er Christinnen und Christen, sich mit Licht und Schatten in der eigenen Biographie vertrauensvoll ins Licht eines liebenden Gottes zu stellen.

Der Papst warnt Amtsträger davor, mit Blick auf Ehen, Familien und Beziehungen von „geordneten und ungeordneten Lebenssituationen" zu sprechen: Nicht an der Art der Pharisäer, sondern an Jesu Umgang mit Menschen und ihren Lebensgeschichten soll sich Seelsorge messen.

Das Lehrschreiben „Amoris laetitia" ermutigt jede Christin und jeden Christen, Gottes Stimme im eigenen Gewissen zu trauen. Es spricht erfrischend von der Schönheit und den Freuden, aber auch von den Herausforderungen der Ehe. Reiche Impulse sprechen ins alltägliche Leben wie der Rat „jeden Tag mit einem Kuss zu beginnen" und mit dem „Wort Danke" nicht sparsam umzugehen.[27]

Der Papst bewahrt bei aller Betroffenheit über Leidvolles in der Welt und in der Kirche Lebensfreude und Heiterkeit. Damit ermutigt er zu einem frohen Christsein im eigenen Alltag. Es zeichnet sich nicht durch eine oberflächliche Leichtigkeit aus, sondern eine im Glauben verwurzelte und engagierte Gelassenheit.

Der synodale, kollegiale und dezentrale Weg des Papstes bedeutet Mut zu gemeinsamem Ringen und einer neuen Streitkultur. Diese gilt es auf allen Ebenen einzuüben: Zeichen echter „Freiheit und Geschwisterlichkeit in der Kirche".

Anmerkungen

1 Einen illustrativen Überblick über die Anfänge, die Entfaltung und die aktuelle Präsenz der franziskanischen Ordensfamilie bieten: Inspirierte Freiheit. 800 Jahre Franziskus und seine Bewegung, hg. von Niklaus Kuster – Thomas Dienberg – Marianne Jungbluth in Zusammenarbeit mit der Fachstelle Franziskanische Forschung FFF, Freiburg 2009; und ergänzend: Niklaus Kuster – Nadia Rudolf von Rohr, Innere Tiefe – grenzenlose Weite. Inspiration aus der franziskanischen Spiritualität, Ostfildern 2022.

2 Franziskanische Impulse für die interreligiöse Begegnung, hg. von Adrian Holderegger – Mariano Delgado (Religionsforum 10), Stuttgart 2013.

3 Den äußeren und inneren Lebensweg von Franz und Klara zeichnen im Spiegel der aktuellen Forschung erzählerisch nach: Martina Kreidler-Kos – Niklaus Kuster, Bruder Feuer und Schwester Licht. Franz und Klara von Assisi – Zwei Lebensgeschichten im Dialog, Ostfildern 2021.

4 André Vauchez, Franziskus von Assisi, Geschichte und Erinnerung, Münster 2019.

5 Deutsch erschienen: Manselli, Raoul, Franziskus. Der solidarische Bruder, Zürich/Einsiedeln/Köln 1984; neu als Sonderausgabe: Freiburg i. Br. 1995; zur lateinischen Wendung „cum essem in peccatis“ des Testaments 50 (Zitat). Die italienische Originalfassung der Biographie erschien nach dem Tod des Altmeisters mit reichen Anmerkungen durch seine Schüler als Editio maior, Cinisello Balsamo 2002.

6 Die religiöse Karte von Stadt und Diözese Assisi beschreibt eingehend Kuster, Niklaus, Eine reiche Klosterlandschaft als Kontext der „novitas franciscana“. Assisis Mönchsabteien, Nonnenklöster und Hospitäler um 1200, in: Wissenschaft und Weisheit 75 (2012) 3–79.

7 Die konfliktreichen Jahre Assisis und ihr Ringen um eine neue Friedensordnung ist neu in deutscher Sprache nachlesbar in der Studie Kuster, Niklaus, Von Bischof Rufins Traktat „De bono pacis“ zu Assisis Pakt „pro bono pacis“. Friedensvisionen und Friedenswege in der Stadt des jungen Franziskus (1181–1210), in: Wissenschaft und Weisheit 76 (2013) 163–196.

8 Zur Gebetskunst des Poverello, ihrer Entwicklung und ihrem Reichtum: Lehmann, Leonhard, Franziskus – Meister des Gebetes. Eine Einführung, Kevelaer 2007; Lehmann, Leonhard, Vom Beten zur

Kontemplation. Hinführung zur franziskanischen Praxis des Verweilens vor Gott (Franziskanische Akzente 18), Würzburg 2018.

9 Die Ikone, ihre Geschichte, Botschaft und Bedeutung für Franziskus und Klara erschließen Kreidler-Kos, Martina/Kuster, Niklaus, Christus auf Augenhöhe. Das Kreuz von San Damiano, Kevelaer 2018[4].

10 Vgl. Volker Leppin, Franziskus von Assisi, Darmstadt 2018, 95–121. Das auf reiche Quellen gestützte Buch des evangelischenTübinger Kirchenhistorikers würde jedoch durch mehr spiritualitätsgeschichtliche Interpretation und weniger psychologische Projektion gewinnen. Dazu eine eingehende Diskussion in CFr 89 (2019) 5–49.

11 Niklaus KUSTER, Franziskus und seine ersten Gefährten. Sechzig Jahre Forschung von Engelbert Grau bis Andrea Vaona, in: WiWei 83 (2020) 5–54.

12 Zur frühen Sympathie der Reformatoren für Franziskus: Reblin, Klaus, Freund und Feind. Franziskus von Assisi im Spiegel der protestantischen Theologiegeschichte, Göttingen 1988; Nicole Grochowina, Franziskus und Luther. Freunde über die Zeiten (Franziskanische Akzente 12), Würzburg 2017.

13 Die moderne deutschsprachige Klaraforschung zeigt sich überaus vital und findet sich in einem Sammelband zusammengefasst: Klara von Assisi. Zwischen Bettelarmut und Beziehungsreichtum. Beiträge zur neueren deutschsprachigen Klara-Forschung, hg. von Bernd Schmies, Münster 2011; zur zweifachen „misericordia“ – Liebe zum barmherzigen Christus und praktische Nächstenliebe – als Kernmotiv von Klaras Berufung und Ortswahl: Maranesi, Pietro, La clausura di Chiara d'Assisi. Un valore o una necessità?, Assisi 2012.

14 Abgedruckt und kommentiert von Anton Rotzetter in: Inspirierte Freiheit (wie Anm. 11), 76–77.

15 Holzherr, Georg, Die Benediktsregel. Eine Anleitung zum christlichen Leben, Fribourg 2005[6], 68f.

16 Zur Verortung der Regelredaktion, für die erst 100 Jahre später Fontecolombo genannt wird: Niklaus KUSTER, Franz von Assisi und 800 Jahre „Valle Santa“. Die alten Franziskanerklöster des Rietitals im Spiegel der jüngeren Forschung, erscheint in WiWei 85 (2022).

17 Zunächst in Interviews und auf seiner Homepage, dann in Buchform: Boff, Leonardo, Francisco de Roma y Francisco de Asís: una nueva primavera en la iglesia?, Madrid 2013; deutsch 2014 und in erweiterter Neuauflage: Franziskus aus Rom und Franz von Assisi. Ein neuer Frühling für die Kirche – eine Zwischenbilanz, Kevelaer 2015.

18 Zitiert und kommentiert in Niklaus Kuster – Martina Kreidler-Kos, Der Mann der Armut. Franziskus – ein Name wird Programm, Freiburg 2014, 109–111.

19 „Pope Francis – A Man of His Word“; dt. „Papst Franziskus – Ein Mann seines Wortes“ (USA 2018); Regie Wim Wenders.

20 Papst Franziskus, Laudato si': Über die Sorge für das gemeinsame Haus. Die Umwelt-Enzyklika mit Einführung und Themenschlüssel, Stuttgart 2015; dazu Michael Schäfers, Wie Papst Franziskus Politik macht. Zur Sozialenzyklika „Laudato si“, Waldmünchen 2017. Papst Franziskus, Fratelli tutti. Enzyklika über die Geschwisterlichkeit und die soziale Freundschaft, Vatikan 2020, deutsche Ausgaben mit Einführungen und Registern: Freiburg 2020 und Ostfildern 2020.

21 Pope played crucial Role in US-Cuba Rapprochement: in New York Times, 17. Dezember 2014 (online-Ausgabe).

22 Die Erklärung von Abu Dhabi von 2019 mit einer Einführung, der offiziellen und einer sensibleren Übersetzung: Niklaus KUSTER, Unser aller Vater. Beten wie Franz von Assisi, Ostfildern 2020, 80–116.

23 Interview „Franziskus ist ein Konservativer“: in Der Spiegel vom 6. Juni 2018 (online-Ausgabe); dazu ausführlicher: Marco Marzano, La Chiesa immobile: Francesco e la rivoluzione mancata, Bari 2018.

24 Marco Politi, Franziskus unter Wölfen. Der Papst und seine Feinde, (Neuausgabe) Freiburg 2017; Andreas R. Batlogg, Der evangelische Papst. Hält Franziskus, was er verspricht?, München 2018.

25 Kardinal Kasper, Franziskus ist ein radikaler Reformer, in: kath.ch, 11. Dezember 2022: https://www.kath.ch/newsd/kardinal-kasper-franziskus-ist-ein-radikaler-reformer-doch-reformen-brauchen-zeit/

26 So titelte etwas verführerisch der Papsthistoriker Josef Gelmi, Papst Franziskus – eine Revolution von oben. Ein Gegenbild zur Vergangenheit, Kevelaer 2014.

27 Papst Franziskus, Amoris laetitia. Freude der Liebe. Nachsynodales apostolisches Schreiben „Amoris lætitia“ über die Liebe in der Familie, Freiburg 2016.

Zum Weiterlesen

Die Quellenangaben im vorliegenden Büchlein verweisen auf die Sammelausgaben der Franziskus-Quellen (FQ) und der Klara-Quellen (KQ). Die Hinweise ermutigen dazu, die aufgezeigten franziskanischen Akzente in den mittelalterlichen Originalzeugnissen nachzulesen und im Spiegel der Quellen zu vertiefen.

Ein Gesamtbild über die aktuelle Franziskus- und Klaraforschung bieten die fachlichen Sammelbände:

- Bauer, Dieter R./Feld, Helmut/Köpf, Ulrich, Franziskus von Assisi. Das Bild des Heiligen aus neuer Sicht (= Beihefte zum Archiv für Kulturgeschichte, 54), Köln 2005
- Schmies, Bernd, Klara von Assisi. Zwischen Bettelarmut und Beziehungsreichtum. Beiträge zur neueren deutschsprachigen Klara-Forschung (= Franziskanische Forschungen 51), Münster 2011

Abkürzungsverzeichnis

Die Franziskus-Quellen (FQ) sind zitiert nach:
Berg, Dieter/Lehmann, Leonhard (Hg.), Franziskus-Quellen. Die Schriften des heiligen Franziskus, Lebensbeschreibungen, Chroniken und Zeugnisse über ihn und seinen Orden, Kevelaer 2009.

Ant: Brief an Antonius
AP: Johannes von Perugia (Anonymus Perusinus), Über die Anfänge des Ordens
1 C: Thomas von Celano, 1. Lebensbeschreibung (Vita) des hl. Franziskus
2 C: Thomas von Celano, 2. Vita oder Memoriale
3 C: Thomas von Celano, Das Mirakelbuch
Bul 8–14: Bullen Gregors IX.
Erm: Ermahnungen des hl. Franziskus
Fior: Fioretti/Blümlein des hl. Franziskus
FormKl: Lebensform für Klara und ihre Schwestern
Gef: Dreigefährtenlegende
GebKr: Gebet vor dem Kreuzbild von San Damiano
1–2 Gl: 1.–2. Brief an die Gläubigen
Jakoba: Brief an Herrin Jakoba
Lenk: Brief an die Lenker der Völker
Leo: Brief an Bruder Leo
LM: Bonaventura, Legenda Maior
LobGott: Lobpreis Gottes
MahnKl: Mahnlied für Klara und ihre Schwestern
NbR: Nicht-bullierte Regel
Per: Sammlung von Perugia
REins: Regel für Einsiedeleien
Sonn: Sonnengesang
SP: Der große Spiegel der Vollkommenheit
Test: Das große Testament des hl. Franziskus
TestS: Das kleine Testament von Siena
1 Vitry: Jakob von Vitry, Brief an Genua
3 Vitry: Jakob von Vitry, Historia occidentalis. Kap. 32
Wend: Chronik des Roger von Wendover
WFreud: Diktat über die wahre Freude

Die Klara-Quellen (KQ) sind zitiert nach:
Schneider, Johannes/Zahner, Paul (Hg.), Klara-Quellen. Die Schriften der heiligen Klara, Zeugnisse zu ihrem Leben und ihrer Wirkungsgeschichte, Kevelaer 2012.

1–4 Agn: 1.–4. Brief Klaras an Agnes von Prag
KlReg: Regel der hl. Klara
KlSeg: Segen der hl. Klara
KlTest: Testament der hl. Klara
LebKl: Leben der hl. Klara
1 Priv: Innozenz III., Armutsprivileg für San Damiano
2 Priv: Gregor IX., Armutsprivileg für San Damiano
ProKl: Heiligsprechungsprozess der hl. Klara

In der Reihe „Franziskanische Akzente" sind bisher erschienen:

Bd. 1: Mirjam Schambeck, Nach Gott fragen zwischen Dunkel und Licht
Bd. 2: Helmut Schlegel, Die heilende Kraft menschlicher Spannungen
Bd. 3: Katharina Kluitmann, Wachsen – über mich hinaus
Bd. 4: Cornelius Bohl, Auf den Geschmack des Lebens kommen
Bd. 5: Martina Kreidler-Kos, Lebensmutig. Klara von Assisi und ihre Gefährtinnen
Bd. 6: Nikolaus Kuster, Franz von Assisi – Freiheit und Geschwisterlichkeit in der Kirche
Bd. 7: Herman Schalück, Prophetisch glauben. Aufbrüche in franziskanischer Spiritualität
Bd. 8: Stefan Federbusch, Nachhaltig wirtschaften – gerecht teilen
Bd. 9: Thomas Dienberg, Leiten – Von der Kunst des Dienens
Bd. 10: Anton Rotzetter, Alles auf den Kopf stellen – neue Wurzeln schlagen. Mit Franz von Assisi Schöpfung gestalten
Bd. 11: Helmut Schlegel, Glaubensgeschichten sind Weggeschichten. Die Emmauserzählung als Modell christlicher Existenz
Bd. 12: Nicole Grochowina, Franziskus und Luther. Freunde über die Zeiten
Bd. 13: Jürgen Neitzert, Muslime und Christen. Ein franziskanischer Blick auf den Islam
Bd. 14: Paulin Link, Der Sehnsucht Raum geben. Die Kunst der franziskanischen Wegbegleitung
Bd. 15: Mirjam Schambeck, Unbehauste Heimat. Von der Sehnsucht anzukommen
Bd. 16: Schalück, Hermann, Den Gottesfaden erkennen. Die Ernte meines Lebens
Bd. 17: Sabine Pemsel-Maier, Genderperspektiven – neue Blicke auf Klara von Assisi

Bd. 18: Leonhard Lehmann, Vom Beten zur Kontemplation. Hinführung zur franziskanischen Praxis des Verweilens vor Gott

Bd. 19: Udo F. Schmälzle, Wissen, Bildung und Schule neu denken. Zugänge zu einem franziskanischen Bildungskonzept

Bd. 20: Wilhelm Bruners, Gottes hauchdünnes Schweigen. Auf seine Stimme hören